大学生创业职业素养

张翠英 ◎ 编著

首都经济贸易大学出版社
Capital University of Economics and Business Press
·北京·

大学生创业
职业素养

水仁芳 张哲 主编

首都经济贸易大学出版社
北京

前言

随着全球新一轮科技革命和产业变革的兴起,知识更新和技术创新速度明显加快,各国纷纷调整发展战略,更加注重创新驱动和教育的作用。目前,创新创业已经成为我国国民经济和社会发展的一大引擎。大学生是实施创新驱动发展战略和推进大众创业、万众创新的生力军,加快实施创新驱动发展战略,迫切需要深入推进高校创新创业教育改革。2015年5月,国务院办公厅印发了《关于深化高等学校创新创业教育改革的实施意见》,从国家层面对创新创业教育做出了系统设计和全面部署。各地的教育管理部门和高校也高度重视大学生创新创业教育工作,先后制定了深化创新创业教育改革的具体方案,许多高校将创新创业教育改革纳入学校综合改革方案,成立专门的创业学院推进创业教育工作。

在现实创业活动中,大学生创业将面临巨大的困难和压力,能否战胜这些困难与创业者自身素质和能力直接相关。大学生创业发展取决于其自身的综合能力,这些能力仿佛一座冰山,浮在水面上的是显性的容易看见和评价的专业知识和专业技能,它是一个人的"硬技能",具有可见性、可计量性、可客观比较性等特征,能够通过学历、专业认证等进行评价;而藏在水面下的不易衡量和评价的能力是职业素养,即"软技能"。"职业素养"一词多用在高等教育领域,而在职业教育中,软技能也被称为职业核心能力。因此软技能、职业核心素养和职业核心能力三者是具有共性的,是同一问题的不同表述。职业素养或职业核心能力具有隐性的特征,它包括一个人的团队合作、沟通能力、表达能力、人际交往能力等。传统高校教育普遍存在"重硬轻软"的现象,即比较偏重对大学生专业技能(硬技能)的培养,而忽视职业素养(软技能)的培养。

已有的研究结果表明,职业素养对专业能力的发挥起到支撑和决定作用,"软技能"是个人创业和职业成就的潜力。现实中随着大学生创业企业的发展或就业职位的升迁,对职业素养或软技能的比重要求也呈现依次上升的趋势,即越往高层职位发展,职业素养的作用越明显。重视职业素养不代表放弃专业知识和技能,在职业发展中,要做到"软硬平衡",处理好职业素养和专业能力两者之间的关系。

世界各国对职业素养的培养和测评都比较重视。德国的职业教育处于世界领先地位,在教育实践中德国也非常突出职业核心能力的培养。英国、美国、新加坡等国家以及中国香港地区也都非常重视对职业素养的培养。我国不仅将"强化能力培养,提高学生的学习能力、实践能力、创新能力"写入了《国家中长期教育改革和发展规划纲要》,同时全国高校毕业生就业协会核心能力分会还开发了职业核心能力认证项目。许多高校和学者也在这方面做了大量的探索和实践教学工作,这对我国大学生职业素养(职业核心能力)的培养起到了积极的作用。

在我国创新创业事业不断推进的大环境下,大学生究竟应该如何处理创业与就业的关系?创业教育到底应该从哪些方面入手?大学生创业到底需要具备哪些基本的素养和能力?高校教育如何通过强化职业素养和培养软技能来凸显大学生的就业竞争力,通过创业教育实现大学生创业的可持续发展?这些是本书作者一直在探索和思考的课题。带着这些问题和思考,作者对大学生创新创业现状和大学生职业素养问题进行了广泛调研和深入研究。

本书是浙江省社科普及课题(11ZD10)的研究成果。通过课题研究,作者提出了大学生创业职业素养的基本框架,剖析了创新和创业二者之间的关系,对大学生创业与职业选择进行了论述,从个人创新能力培养、组建创业团队,到职场表达与沟通、倾听以及职场冲突处理等方面,对大学生创业的职业素养展开了系统阐述,这些构成了本书的基本内容。

本书具有如下特点:

第一,重视大学生创业的综合素养。大学生创业不仅需要具备识别市场机会、组织创业资源、撰写创业计划书及创办企业等专业技能,更需要掌握创业的职业能力,以完善的职业素养支撑和发展创业专业知识和技能。

第二,构建了大学生创业职业素养的体系。基于广泛的文献调查、实地调查和企业访谈,项目组在完成598份有效问卷和27场次访谈的基础上构建了本书的结构体系,体现了大学生创业从自我认知、职业选择、团队建设到职场沟通、职业发展的全过程。

第三,"理论指导+情境实践"凸显本书的实用价值。除了系统的理论知识外,书中还包括了大量的创业职业素养测试和情境训练内容,在理论论述后辅以对应的测试题目和训练项目,便于读者在阅读创业职业素养理论知识后进行自我测试和训练。

在本书撰写过程中,作者查阅和借鉴了大量的文献,也得到了许多专家和学者的帮助和支持;高校毕业生就业协会核心能力分会会长、全国职业核心能力认证项目专家委员会主任、浙江水利水电学院教学院长徐金寿教授审阅了全书,并对本书提出了许多宝贵的意见;浙江水利水电学院"大学生职业素养提升""大学生职业发展与就业指导"课程负责人王丽教授对第二章的写作提供了帮助,沈苾文副教授和张英教授作为课题成员参与了研究,对本书的写作提供了建设性的建议。另外,本书也是作者16年来从事一线教学工作的累积成果,浙江水利水电学院经济与管理学院的许多先辈和同事的教学理念和教学方法均对作者产生了有益的影响。在此,一并对他们表示衷心的感谢。

创业是一项富有挑战性的活动,职业素养在大学生创业过程中起到至关重要的作用。希望本书能给读者带来创业方面的思考,帮助读者认识到创新的伟大力量,并能对读者在培养和提升自身的职业素养方面有所启发。

囿于时间仓促,加上作者水平有限,书中难免有不妥之处,敬请各位同行和广大读者批评指正,以便我们不断改进。

张翠英

2017 年 6 月·杭州

目录

第一章　创新创业者的职业素养概述 ································· 1
　第一节　创新与创业概述 ··· 1
　第二节　创业者的素质和能力 ······································ 11
　第三节　自我认知 ·· 18

第二章　大学生创业与职业选择 ··································· 33
　第一节　创业与就业 ·· 33
　第二节　职业选择与规划 ·· 40
　第三节　职业适应 ·· 54

第三章　创新思维与能力 ··· 67
　第一节　创新思维 ·· 67
　第二节　创新方法 ·· 76

第四章　组建创业团队 ··· 85
　第一节　组建团队 ·· 85
　第二节　融入团队 ·· 93
　第三节　培养团队信任 ··· 105

1

第五章　表达与沟通 …………………………………………… 117
第一节　语言沟通 ………………………………………… 118
第二节　演讲 ……………………………………………… 128
第三节　会议沟通 ………………………………………… 137
第四节　职场沟通技巧 …………………………………… 146

第六章　倾听 ……………………………………………………… 161
第一节　了解倾听 ………………………………………… 162
第二节　学会有效地倾听 ………………………………… 172

第七章　说服、拒绝与冲突处理 ………………………………… 183
第一节　说服 ……………………………………………… 184
第二节　拒绝 ……………………………………………… 199
第三节　冲突处理 ………………………………………… 207

第八章　创新创业能力综合训练 ………………………………… 215
测试一　MBTI 职业性格测试 …………………………… 215
测试二　团队建设训练 …………………………………… 233
测试三　沟通风格评价 …………………………………… 234
测试四　演讲能力训练 …………………………………… 239
测试五　说服能力训练 …………………………………… 240

第一章 创新创业者的职业素养概述

知识目标：

1. 掌握创业、创新的概念。
2. 了解创新与创业的关系。
3. 熟悉创业者应具备的素质和能力。

能力目标：

1. 了解自我并完成自我认知。
2. 培养自我管理能力。

第一节 创新与创业概述

习近平说，"世界经济长远发展的动力源自创新"，创新是引领时代发展的第一动力。推动大众创业、万众创新，"既可以扩大就业、增加居民收入，又有利于促进社会纵向流动和公平正义"。大众创业、万众创新是中国经济发展的新发动机，在这场改革与创新活动中，大学生是其中一支重要的力量。

一、相关概念

(一) 创新的定义与内涵

创新（Innovation）起源于拉丁语，简单地说就是利用已经存在的自然资源或者社会要素创造新事物的过程，或者说是对已有事物的替代和覆盖。创新的本质是以新思维、新发明和新描述为特征的一种概念化过程。创新包括三层含义：①更新；②创造新的事物；③改变。"创新"也经常被用在口语中表示"改革的结果"。

在经济领域，美籍经济学家熊彼特在1912年的《经济发展概论》一书中指出，创新是把一种新的生产要素与生产条件的结合引入生产体系。可以看出，这里的创新包括以下情况：引入一种新产品；引入一种新的生产方法；开辟一个新市场；获得原材料或半成品新的供应来源等。因此可以说，创新包括了技术创新和非技术变化的组织创新。

从创新的内容上来看，创新包括知识创新、技术创新、管理创新和方法创新。

(二) 创业的含义

创业有广义和狭义之分。

广义的创业是指成就事业，也就是开拓一份属于自己的事业。这里的事业不仅包括创办企业，也包括在原有的工作岗位上开拓新的局面。

狭义的创业是指创业者创建企业的过程，即个人或者团队自主创业和开办企业，开展以创造财富为目标的社会活动。狭义的创业可以界定为"发现、创造和利用商业机会，整合相关生产要素，开创事业以获得商业成功的过程或活动"。成功的创业是一个创造价值的过程，创业者所创造的新事物是被社会认可的，是能够对社会或他人有帮助的过程。

思考：亚马逊和当当都是业内的佼佼者，那么请思考一个问题：亚马逊和当当的事业都是创新吗？它们是相同的创新吗？如果不是，这两种创新有何区别？

（三）创业者

广义的创业者是指参与创业活动的所有人员。狭义的创业者特指参与创业活动的核心人员。在日常工作和生活中，创业者常常指的就是狭义的创业者。

彼得·德鲁克把创业者（Entrepreneur）定义为"赋予资源以生产财富的能力的人"。通常我们可以把创业者理解为"在有限的资源条件下，致力于锐意创新、发掘并实现潜在机会的价值的个人或群体"。

二、创业的类型

（一）岗位创业

岗位创业是指依托已有企业资源，在从事当下岗位工作的同时，利用已有的专业技能知识及所掌握的资源进行创新创业活动。岗位创业是大学生最容易进入的一种创业模式。

岗位创业是一种低成本、高回报的创业模式。大学生进入企业工作岗位，就可以充分利用企业提供的资金和人力等岗位资源进行创新创业；同时在创业过程中，还可以借助企业提供的各种培训机会补齐自己的短板，提高自身技能。此外，岗位创业者所承担的压力较小，企业永远是员工最坚实的后盾，特别是当员工在岗位上创业失败的时候，企业能够提供资源帮助员工找到失败的原因，并有可能从头再来。总之，与自己单独创业相比，在岗位上创业所要面对的创业环境会更加优化。

每个人都可以在岗位上创业，工作岗位在为员工创业提供平台的同时，也为员工提供实现自我追求的机会。

学生应积极准备参与岗位创业。如果大学生在毕业后能结合自己在大学时所学的专业进行创业会更好。大学生要想参与到岗位创业中去，主要应做好以下几个方面：第一，积极参与学校提供的创业教育通识课程。在培养创业意识的基础上，积极学习专业类创业课程，增加岗位创业知识。第二，积极参加各种类型的创新创业实践活动，例如"国家大学生创新创业计划"等项目，通过参与创新创业实践培养创新意识，提高创新能力，为创业打下坚实基础。第三，积极完成专业实践教学，强化岗位创业能力的培养。结合专业实习、毕业设计等环节，将创业教育融入实习和实践中，强化自身创业职业素养，以便于在择业时选择合适的岗位或选择自主创业。

(二) 社会创业

社会创业的概念由美国人比尔·德雷顿（Bill Drayton）于 1980 年首次提出。比尔以实际行动实现了自己的社会创业梦想，成立了名为 Ashoka 的全球性非营利组织，2005 年，比尔·德雷顿被《美国新闻与世界报道》评为该年度"美国最杰出的领袖"。社会创业又称公益创业，近年来社会创业在全球范围内迅速兴起。社会创业兼顾社会性和企业性，将实现社会价值和企业化运营结合在一起，是旨在追求实现社会价值和商业价值并重的创业活动。

社会创业除了具有一般商业创业的特征外，还有以下几个区别于商业创业的显著特征。

(1) 社会创业以"解决社会问题"为导向，社会创业关注社会普遍存在的问题，为解决社会问题而创造产品或服务。

(2) 社会创业具有显著的社会目的和使命。社会创业的目的是创造社会价值，社会创业者或机构在社会部门中扮演变革代理的角色，采取创新的业务模式去解决相应的社会问题。社会价值多少（而不是利润）是衡量一个社会创业者成功与否的主要标准，而经济价值是社会创业的副产品。

（3）解决问题的方式具有创新性。社会创业所针对的社会问题在一定程度上具有紧迫性、棘手性、社会危害性等特点，而且社会创业几乎不能复制已经存在的组织或模式。因此，社会创业往往具有较强的创新性，同时会经常有组织间的跨界合作。

（4）核心资本的社会性。社会创业同样需要创业资本，如人员、场地、设施、资金等。与商业创业比较而言，社会资本如社会关系、合作伙伴网络、志愿者、社会支持等是社会创业的核心资本。社会资本不同于物质资本和金融资本，它不会因使用而减少，相反是通过不断地消费和使用而增值。社会创业的成功与否不是取决于其物质资本和金融资本的多少，而是取决于社会资本的多少。

（三）技术创业

科学技术是第一生产力，技术创业也是一种重要的创业形式。

技术创业是创业者基于技术进步或技术改善所开展的创新创业活动。技术创业的主体可能是相对独立的研究人员，也可能是现有企业的研发人员。技术创业者往往掌握某种先进技术，能对现有产品做出改进或直接利用技术创新出某种新产品，他们常常拥有某项或者数项专利，技术是技术创业的重要因素之一。通俗地说，技术创业就是技术的商业化。技术创业目标市场可能是已形成的现有市场，也可能会打开一个全新的市场。

合伙人模式是常见的技术创业模式之一。合伙人通常由掌握核心技术的技术人员、懂得运营的管理人员和熟悉市场的销售人员组成，这样的合伙团队是比较理想的状态。合伙人模式需要面对的首要问题就是如何解决合伙人之间的意见冲突，科学管理和有效沟通是创业过程中的必修课。

三、创新与创业的关系

创新和创业有密切的关系，创新是创业的源泉和动力，创业是创新价值的体现，创业的本质是创新，创新和创业之间相互推动和影响。

（一）创新是创业的源泉和动力

创新是创业最重要的智力资本。创业要求创业者必须长期保持旺盛的创新精神和创新意识，在创业获取市场机会、捕捉商业信息和整合企业资源的过程中，创业者需要具备独特、活跃的科学思维方式，才可能产生富有创意的创业思路或者商业方案，因此，创新是创业的源泉和动力，创新来源于创业者独特的心智。

（二）创业是创新价值的体现

创新的价值在于将潜在的知识、技术和市场机会转化为现实生产力，实现造福社会和人类的目的。而创业则将创新成果商业化和产业化，将创新的价值转化为具体的、现实的社会财富。因此，创新成果需要经过创业者的创业推向市场，创业是创新价值的具体体现。

（三）创业的本质是创新

创业是具有创业精神的创业者利用具有实际价值的商业机会所开创的新事业，其本质是把握市场机会、整合多方资源进行的创新行动。创新包括技术创新、制度创新和管理创新。对创业者及其所创办的企业来说，创新就是将新的理念和设想通过新产品、新流程、新服务等有效地融入市场需求中，进而创造财富或者价值的过程。

（四）创新和创业之间相互推动和影响

创业能够推动新发明、新产品和新服务的不断涌现，进一步推动科技创新，因此创业提高了企业甚至整个国家或地区的创新能力。创业的关键在创新，而持续的创新必然会推动和成就创业，因此创新与创业相辅相成、动态融合且相互影响和推动，二者之间的关系密不可分。

四、创业知识测试

请完成下列选择题，从选项中选出一个你最赞同的答案。

第一章 创新创业者的职业素养概述

1. 你在哪一种条件下，会决定创业（　　）。

   A. 等有了一定工作经验以后

   B. 等有了一定经济实力之后

   C. 等找到天使投资或者风险投资以后

   D. 现在就创业，尽管没有多少钱

   E. 一边工作一边琢磨，等想法成熟了就创业

2. 你认为创业成功的关键是（　　）。

   A. 资金实力　　　　　　　　　B. 好的创意

   C. 优秀团队　　　　　　　　　D. 政府资源和社会关系

   E. 专利技术

3. 以下哪一项是创业公司生存的必要因素（　　）。

   A. 高度的灵活性　　　　　　　B. 严格的成本控制

   C. 可复制性　　　　　　　　　D. 可扩展性

   E. 健康的现金流

4. 开始创业后你要做的第一件事是（　　）。

   A. 找资金、找投资　　　　　　B. 撰写商业计划书

   C. 物色创业伙伴　　　　　　　D. 着手研发产品

   E. 选择办公地点

5. 创业公司应该（　　）。

   A. 埋头苦干　　　　　　　　　B. 努力到处做自我宣传

   C. 看情况顺其自然　　　　　　D. 借势联合推广

6. 招聘员工时最重要的是（　　）。

   A. 学历高低　　　　　　　　　B. 朋友推荐

   C. 成本高低　　　　　　　　　D. 工作经验

7. 产品进入市场的最佳策略是（　　）。

   A. 价格低廉　　　　　　　　　B. 广告投入

C. 口碑营销   D. 品质过硬

8. 与投资人进行交流的最有效方式是（   ）。

    A. 出色的现场展示   B. 详细的商业计划书和财务预测

    C. 样品现场测试   D. 有朋友的介绍和引荐

    E. 通过财务顾问的代理

9. 创业者选择投资人的关键因素是（   ）。

    A. 对方是知名投资机构   B. 投资方和团队不设对赌条款

    C. 找估值最高的投资方   D. 找投资最快的投资方

    E. 只要能融到资，谁都一样

10. 你认为以下哪一项是风险投资决策中最重要的因素（   ）。

    A. 商业模式   B. 定位

    C. 现金流   D. 销售合同

    E. 团队

11. 从哪句话里可以知道风投其实对你的公司没有实际兴趣（   ）。

    A. "我们有兴趣，但最近太忙了，做不了这个项目"

    B. "你们的项目还偏早一些，我们需要再观察一段时间"

    C. "你们如果能找到领投的风投，我们可以考虑跟投一些"

    D. "我们对这个行业不熟悉，不敢投"

    E. 以上任何一句话

12. "创业团队拥有 51% 的股份就绝对控制公司了"这句话是（   ）。

    A. 正确的   B. 错误的

13. 创业公司 CEO 的首要工作职责是（   ）。

    A. 制定公司的远景规划   B. 销售、销售、销售

    C. 人性化的管理   D. 领导研发团队

    E. 融资

14. 凝聚创业团队最好的办法是（　　）。

   A. 期权　　　　　　　　　B. 公司文化

   C. 公司 CEO 的个人魅力　　D. 工资和福利

   E. 团队的激情

15. 创业公司的财务预测中最重要的是（　　）。

   A. 销售增长　　　　　　　B. 毛利率

   C. 成本分析　　　　　　　D. 资产负债表

16. 创业公司的日常运营中，以下工作最重要的是（　　）。

   A. 会议记录及时存档　　　B. 业绩指标的合理安排和及时跟踪

   C. 经常性的团队培训　　　D. 奖惩制度

   E. 管理流程的 ISO 认证

17. 创业公司的日常运营中，最棘手的问题是（　　）。

   A. 人的管理　　　　　　　B. 销售增长

   C. 研发的速度　　　　　　D. 资金到位情况

   E. 扩张力度

18. 衡量创业公司产品市场推广的标准是（　　）。

   A. 广告投入量和覆盖面　　B. 营销推广的精准程度

   C. 产品出色的品质保证　　D. 广告的投入和产出比例

   E. 产品价格的打折力度　　F. 品牌的市场渗透率

19. 防止竞争的最有效手段是（　　）。

   A. 专利　　　　　　　　　B. 产品包装

   C. 质量检查　　　　　　　D. 不断研发新产品

   E. 比竞争对手更快地占领市场

20. 创业公司的第一个大客户是个土财主，你会（　　）。

   A. 一视同仁地向他提供公司的标准服务

   B. 指导他如何来积极配合你的工作

C. 修理他、给他点颜色看看，这是为了他能够提高

D. 提供全面服务和免费成长辅导

21. 你认为创业公司的最大风险是（　　）。

　　A. 市场的变化　　　　　　　　B. 融资的失败

　　C. 产品研发的速度　　　　　　D. 公司 CEO 的个人能力和素质

　　E. 合理的决策机制

22. 当创业公司账上的现金低于三个月所需的时候，应该采取的措施是（　　）。

　　A. 立即启动股权融资　　　　　B. 通知现有股东追加投资

　　C. 削减运营成本，包括裁员　　D. 向银行寻求贷款

　　E. 自己拿钱给公司

23. 创始人之间发生矛盾时，你会（　　）。

　　A. 坚持原则，据理力争　　　　B. 决定离开，另起炉灶

　　C. 委曲求全，求同存异　　　　D. 引入新人，控制局面

24. 投资创业公司的理想退出方式是（　　）。

　　A. 上市　　　　　　　　　　　B. 被收购

　　C. 团队回购　　　　　　　　　D. 高额分红

　　E. 以上都是

（参考答案如表 1-1 所示，选对得 1 分，选错不得分。）

表 1-1

题目	1	2	3	4	5	6	7	8	9	10	11	12
答案	D	C	E	D	B	D	D	C	E	C	E	B
题目	13	14	15	16	17	18	19	20	21	22	23	24
答案	B	B	A	B	A	D	E	D	D	C	C	E

得分 1~8 分的测试者掌握的创业知识非常有限，贸然创业的风险较大；得分 9~16 分的测试者掌握的创业知识还有所欠缺，仍需要在这方面

多学习和了解；得分在 17 分以上的测试者已经做好了创业的准备！

需要指出的是，这只是一个测试，真正要决定创业仍需要考虑多方面的因素。创业有风险，决策须谨慎！

第二节　创业者的素质和能力

创业者是一个或者一群不以工资形式谋生而进行创业的人，其本质是一群自我雇佣的人。在国外，创业者（Entrepreneur）被定义为组织、管理一个生意或企业并承担风险的人。创业者通常有两层含义：第一是指企业家，即在现有企业中负责经营和决策的领导人；二是指创始人，通常理解为即将创办新企业或刚创办新企业的领导人。通常认为创业者是具有创业精神，善于发现机会并整合资源，提供市场新价值的催生者与创造者。

在全民创业时代，越来越多的人选择了自主创业，有不少创业者凭借自身努力抓住有利时机取得了令人瞩目的业绩。但是也有报道指出，我国新创小企业的平均寿命不足 3 年。这个数据提醒人们创业路途不是一帆风顺的，创业者将面临巨大的困难和压力，能否战胜这些困难与创业者的自身素质和能力直接相关。

一、创业者的素质

（一）创业精神

创业精神表现为创业者积极的进取态度和旺盛的求知精神。创业动机是创业精神的来源和根本，创业动机是创业者创业的强大内驱力，它支配着创业者的创业活动态度和行为，是创业者素质中最重要的组成部分。创业者的创业动机可以分为机会型和生存型两种。全球创业活动多数以机会型创业为主，生存型创业为辅。

机会型创业者把创业作为一种主动选择，他们在创业时看中的是创造出新的市场，而且是新的大型市场和中型市场。我国的机会型创业者不仅人数较少，而且在开创市场尤其是大中型市场方面，动机和能力还有待提升。

生存型创业者必须依靠创业为自己的生存和发展谋求出路，是一种不得已而为之的活动。生存型创业者在创业活动中很少考虑是否进入了新市场，更多的是关注在现有市场上捕捉机会，由于生存型创业者的主要活动集中在现有市场，因此这类创业活动常常是加剧了现有产业的竞争程度。我国的创业活动中生存型创业占比高达60%。

（二）知识结构

创业者应具备的知识包括专业知识、经营管理知识和综合性知识。

（1）专业知识。专业知识是从事某一专业或行业所必须具备的知识，专业知识对于创业目标有直接作用。要想在某一领域开展创业，就必须了解该领域的知识、技术、活动和发展规律，专业知识就是对某一领域发展规律的概括或总结。专业知识掌握得越丰富、专业技术越扎实，创业活动就越能有效地开展。纵观近年来在高科技领域获得成功的创业者，无一不具备深厚扎实的专业知识，例如李彦宏、马化腾、周鸿祎等都掌握和擅长编程技术，这对成就他们的互联网事业有很大的帮助。创业知识常常与大学教育密切相关，成熟的大学专业教育能为大学生创业者提供必要的专业知识。因此，大学生创业者应当先努力学习好专业课程，提前储备好专业知识。

（2）经营管理知识。创业不仅需要专业知识，也需要必要的经营管理知识。经营管理知识是从事经营管理工作必须具备的知识，主要包括企业管理、市场营销、人力资源管理等相关知识，这些知识能够帮助创业者识别商业机会、管理其所创立的企业或者通过管理他人来实现其创业理想。在创业知识的构成中，经营管理知识是一种较高层次的知识，具有内部资源配置和社会关系运筹的特征。

(3) 综合性知识。在知识经济时代,"T"形知识结构越来越重要,创业者不仅要掌握专业知识和经营管理知识,还需要广博的非专业性的综合知识。这些知识包括相关的政策、法律法规、税务、金融、保险、人际交往和公共关系等知识。尤其是随着市场经济的逐步成熟与完善,法律规范已经渗透到了经济领域的各个环节和层面,各种商业模式的发展都离不开法律,具备法律素质、懂法守法和用法是创业组织结构中不可或缺的重要元素。创业者必须了解和熟悉市场和行业内外的各种法律法规和运行规律,规范自身及企业的行为,保护自己和企业的合法权益。

(三) 心理素质

心理素质是指创业者的心理条件,心理素质由自我意识、性格、气质、情感等心理特征构成。创业是一项艰苦的活动,创业过程不仅会遇到各种困难,还有可能失败。所以在创业过程中,创业者要应对和承受各种困难和压力,创业者应该具有良好的心理素质,有自信、自主的自我意识。创业者的性格应该刚强、果断和开朗,应该具有理性思维,在面对成功时能客观冷静,不沾沾自喜、得意忘形,面对挫折和困难时也不能消极悲观、灰心丧气。

良好的心理素质还应该具备健康的心理和较强的自我调适能力。心理健康的人在创业过程中懂得运用心理调适,能迅速消除各种因素造成的心理不适,因此能迅速恢复心态的平和,维持较稳定的良好心理状态,保持愉悦的心理。心理调适能力是心理健康的保证,是缓冲各种心理压力的保护器。创业者可以从心理健康培养和心理调适能力强化两方面入手,培养良好的心理素质。

(四) 身体素质

身体素质是指创业者应该具有健康的体魄和充沛的精力,能够适应新创立企业所面对的繁重外部协调和内部管理工作。俗话说,"万事开头难"。新开创一项事业要面对千头万绪的工作,创业者每天都要面临新困

大学生创业职业素养

难、新挑战和新任务,创业初期工作时间长、工作任务重、工作压力大,没有健康的体魄和充沛的精力必然无法承受创业的重任。"身体是革命的本钱",良好的身体素质是创业最重要的资源。

二、创业者的能力

创业者的能力是创业者解决创业及新创企业成长过程中遇到的各种问题的本领,是创业者基本素质的外在表现。在实践过程中,创业者的能力表现在创业者把知识和经验有机结合起来并运用到创业管理过程中。创业能力具体包括创新能力、学习能力、机会识别能力、组织管理能力、沟通协调能力、解决问题与冲突的能力等方面。

(一)创新能力

创新能力简称创造力,是指创造者进行创新活动的能力,也就是产生新想法、新事物、新理论等的能力。世界创新大师、创新思维之父爱德华·德·波诺认为:创新能力是产生某种过去并不存在的东西的能力,创新的结果是独特的、稀有的。创新能力有广泛的来源,具体包括无知、经验、动机、完善性、机会、意外、错误和疯狂、风格等。

(二)学习能力

随着知识更新速度的加快,学习能力的重要性日益凸显。大学生虽然经过四年甚至更长时间的系统学习,但不可否认的是部分所学知识在毕业时已经陈旧,因此掌握学习方法和培养学习能力就成为一门必修课。当前教育的特征之一就是终身教育,学习是伴随每个人一生的事业。创业活动对创业者学习能力的要求主要体现在以下几个方面:一是更新自己原有知识的能力;二是学习新知识的能力;三是善于综合学习各种知识的能力。学习能力是个体能力中的高级阶段,获得学习能力将使人终身受益。

（三）机会识别能力

著名艺术家罗丹曾经说过："生活中从不缺少美，而是缺少发现美的眼睛。"创业机会也是如此，在稍纵即逝的创业机会面前，创业者是否能识别和抓住创业机会至关重要，只有具备敏捷思维、善于捕捉机会的创业者，才可能不失时机地创业。英特尔总裁安迪·格鲁夫在《只有偏执狂才能生存》中说："在10倍速度变化的时代，企业领导者要随时觉察身边的变化，而且要知道是什么在变，而且知道怎么去适应变化。"

（四）组织管理能力

创业充满了竞争和风险，创业实践要获得成功，必须重视经营管理。组织管理活动贯穿于创业运行的每一个环节，这也是为什么许多发明家虽然善于创新，但由于缺乏组织管理经验而导致创业的失败。

组织管理能力是创业者的知识、素质等基础条件的外在综合表现。创业活动是一个庞大、复杂的系统，创业活动往往需要多个人的协作才能完成，而创业者的本质是一个组织管理者，承担着组织管理任务。组织管理是指通过实现设计和策划，采用沟通协调等手段使创业团队成员协作配合、共同劳动，有效实现创业目标的过程。组织管理能力包括协调关系的能力和善于用人的能力等。

三、创业模拟训练

本训练目的是培养个体与团队的组织能力、市场应对能力、思维反应能力。

（一）训练规则和内容

（1）5~8人组成一个公司，每个公司需要取一个名字。学员自由组合，根据竞争需要，人数最少的公司可能被解散，合并到其他公司，大公司也可能一分为二，请听从指挥。

（2）每个公司初期资产相等，通过交换，活动结束后统计经营结果，期末资产多者为优。

（3）交易方式不限，可以在任何公司之间交易，唯一原则就是交易买卖双方你情我愿，用一个产品换多个产品也可以。

（4）为了防止市场垄断，交易前不准交流，各公司信息保密，违者扣分。

（5）筹建公司及确定经营计划时间为15分钟，交易时间20分钟，统一时间开始和结束。

（二）各公司的任务

（1）确定本公司的经营计划。

（2）确定本公司的一种主导产品。

（3）确定本公司的一种辅助产品。

（4）确定本公司的一种一般产品。

注意：讨论结果属公司内部秘密，选择一个不撞车的主产品是非常重要的。

（三）训练准备阶段

填写公司经营计划书，交给主持人，然后领取原始资产。经营计划书必须包括以下内容：

（1）公司名称。

（2）确定的主导产品、辅助产品、一般产品（见表1-2）。

（3）小组成员姓名、专业小班及学号。

表1-2　产品代码

代码	1	2	3	4	5	6
产品	牛	羊	鸡	鸭	兔	狗

注：游戏道具可用扑克、写代码的塑料片或小纸片。

（四）过程控制

15~20分钟后，统一进入交易阶段；交易20分钟后，第一轮结束，各公司统计业绩;最后进入经验总结阶段。若时间允许,可以继续第二次创业,即可变化品种或其他双赢的方法。每组 5~6 人为宜;减少产品数是为了让竞争更激烈。

(五) 总结讨论

(1) 由各公司派代表陈述自己的策略、运作方式及经验。

(2) 当发现主产品撞车时,下单要快。

(3) 当发现主产品独家生产时,下单要慢,可以一换多。

(4) 可以重组进入前几名。

(5) 可以做中介赚取信息费。

(六) 注意事项

(1) 该游戏的应用范围:创新创业、人力资源管理、市场营销、管理沙盘模拟。

(2) 过程控制注意事项:第一,游戏要同时开始、同时结束;第二,各公司(组)必须保密,交易前不准交流,并记牢自己选择的产品;第三,邀请两位同学监督交易过程,并参与事后给各公司统计分数;第四,对各组成绩进行排序,1/3 为 A,1/3 为 B,1/3 为 C。

(3) 组数控制见表 1-3。

表 1-3 组数控制

组数	产品/只	产品/件	每组原始资产
20	6	3	1~6 各 3 张,共 18 张牌
8~20	6	3	1~6 各 3 张,共 18 张牌
7	5	3	1~5 各 3 张,共 15 张牌
6	4	4	1~4 各 4 张,共 16 张牌
4	3	3	1~3 各 3 张,共 9 张牌

(4) 经营计划书见表 1-4。

表1-4 经营计划书

组别：　　　　　　公司名称：

选择打钩	牛	羊	鸡	鸭	兔	狗	单价（单位）
主导产品							10元
辅助产品							7元
一般产品							5元
单位仓储成本	3	1.2	1	1.5	2	3	元
交易结果							只
仓储总成本							元
交易价值							元

第三节 自我认知

自我认知（self-recognition）是对自己的洞察和理解，包括自我观察和自我评价。自我观察是指对自己的感知、思维和意向等方面的觉察。自我评价是指对自己的想法、期望、行为及人格特征的判断与评估，这是自我调节的重要条件。

如果一个人不能正确地认识自我，觉得自己处处不如别人，就会产生自卑心理，丧失信心，做事畏缩不前；相反，如果一个人过高地估计自己，也会骄傲自大、盲目乐观，导致工作的失误。因此，恰当地认识自我，实事求是地评价自己，是自我调节和人格完善的重要前提。自我认知无论是对创业者还是对普通职场人士来说都是有借鉴和参考价值的。

一、了解自我

我是谁？我与他人有怎样的联系？我的自我是怎样的？这些问题都很难回答，但它们却是我们认识自我、了解自我的基础。

(一) 自我

自我（self-concept）由人们对自己的稳定的观点的构成，它反映出一个人的个性。自我概念包括如下三个特征。

（1）自我概念是多维的。人们可以从多方面认识自我。例如，可以用名字，"我是张某某""我的名字叫李某某"等；也可以借助生理区别和社会类别，如"我是男生，我来自北京"等；或者用技能和爱好，"我是一个画家""我是个理发师"等。也有一些时候，人们依据自身与他人的关系认识自我，例如"我爸是企业家""我是奥运会志愿者"等。人们也会根据别人对自己的评价来看待自我，例如"我是一个勤奋的人"，或者"我是一个诚实的人"。实际上自我概念由很多部分组成，自我的每一种描述只反映了其中一个或几个部分。

美国心理学家约瑟夫·勒夫特（Joseph Luft）和哈里·英厄姆（Harry Ingham）提出了乔哈里资讯窗（Johari Window），有助于我们认识自我，见图1-1。

	自己知道	自己不知
他人知道	公开的我	盲目的我
他人不知	隐藏的我	潜在的我

图1-1　乔哈里资讯窗

乔哈里资讯窗由代表了自我概念的"公开的我"、"盲目的我"、"隐藏的我"和"潜在的我"四部分组成。在乔哈里资讯窗中，"公开的我"表示自己知道并能向他人公开的自我，由自己和别人都知道的特征组成；"隐藏的我"由自己知道但不便公开与他人分享的部分组成，例如过去的痛苦经历或情感秘密等;"盲目的我"代表了别人知道但自己却没有意识到的部分,例如别人可能认为自己"焦躁、不耐心",但自己完全没有意识到这一点;而"潜在的我"则代表了自己和他人都不了解的自我。

个体对乔哈里资讯窗的四个部分的认识和表现有非常大的差异,例如,一个人可能隐藏自我的大部分,但另一个人可能很少对自我进行隐藏。

(2) 自我概念包含了主观成分。人们对自我的了解有一部分是基于客观事实的,例如,"我是个男性,我是黑发黄皮肤的人"。这一类自我概念都是以客观事实为依据的。

事实上人们对自我的评价很难做到客观和准确,自我的另一些方面往往由人们对自我的印象所决定,也就是说自我评价常常是主观的。人们对自我的主观评价常常会过高或过低。例如,绝大多数人对自己的智力或能力的评价都在平均水平之上,这种评价往往过高;而自信心不足的人常常夸大失败对自身的影响,低估自己的能力,对自我的评价过低。

(3) 自我概念是相对稳定的。自我概念是随着一个人的成长缓慢发展起来的,这个形成过程同时受到生理特征和成长环境的影响。自我概念一经形成就会保持相对的稳定性,很少发生改变。当人们形成自我概念之后,就更倾向于要求别人对这种自我概念给予认同。人们更愿意与那些对自身评价与自我概念相一致的人相处,多数人认为这种情况下的交流更容易一些,因此自我概念会得到强化。例如,拥有积极自我概念的人,更倾向于与那些对自身有积极评价的朋友、同学或同事相处。相反,拥有消极自我概念的人,则更倾向于和那些对自身有消极评价的人相处。

健康的自我概念应该是灵活可变的,能够根据环境做出相应的调整。这并不是说人们的自我概念会随时发生变化。总体而言,自我概念一般不会发生重大的变化,能够保持相对稳定性。

(二) **自我的形成**

人们对自我的认识并非天生而成。自我的形成受到人格和生物因素、文化和性别角色、反映评价及社会比较的影响。

（1）人格和生理因素。人格是自我当中很重要的一个部分，它包括了个体在不同情境下的思考及行为方式。人格受遗传即生理因素的影响，同时也与个体的成长环境有密切的关系。科学家研究发现，在文化和教育对儿童造成影响之前，多数儿童就已经具有某种特质，并且这种特质会保留到成年。例如，一个外向的人，多数情况下都乐于交谈。

（2）文化和性别角色。自我受文化和性别角色的影响。例如，文化中的个人主义和集体主义就会对自我产生影响，在个人主义文化下的个体强调独立性与唯一性，而集体主义文化背景下的个体则看重集体而非个人意见，强调自我与集体的联系。

性别角色代表了一个人自我概念的性别取向，它反映了社会对男性或女性行为的一些期望，并对自我产生影响。在通常的文化背景下一个喜欢挑战、具有成就欲望的男性的自我概念就比较男性化，而自我概念是女性化的个体则更注重人际关系的和谐与稳定。

（3）反映评价。个体会根据他人的评价形成相应的自我概念，也就是他人的评价可以增进个体对自我的了解。他人对自我的积极或消极评价使个体在头脑中形成一定的自我印象，这些自我印象将影响自我的形成，这个过程被称为反映评价。例如，当他人赞美我们时，我们就会认为自己是可爱的、有价值的；相反，当他人忽视或嘲笑我们时，我们则认为自己是不受欢迎的或者无足轻重的。

（4）社会比较。人们还常常关注自己与他人的比较。很多时候自我概念就是通过这种社会比较形成的。在社会比较中，最关键的是参照对象，也就是用来与自己进行对比的个体或集体。

在多数情况下，个体会以同龄人为参照对象。不过人们在进行自我评价的时候，常常也会不自觉地选择一些极端的参照对象。例如，很多女性与影视明星进行对比时，对自己身材的评价往往是极端消极的，事实上这只不过是参照对象选择错误。

二、自我认知

自我认知（self-recognition）是对自己的洞察和理解，包括自我观察和自我评价。自我观察是指对自己的感知、思维和意向等方面的觉察；自我评价是指对自己的想法、期望、行为及人格特征的判断与评估，这是自我调节的重要条件。

由于大学生还残留有"依赖性""理想化"等心理特征，在初入大学之际，他们面临学习生活状态的转折，必然会产生各种各样的矛盾与困扰，突出表现在以下三个方面。

（一）自卑

自卑是由过多的自我否定而产生的自惭形秽的体验。有自卑感的人轻视自己，过分看重自身短处，否定自己的长处或对长处没有足够的认识，因而常表现出胆怯、畏惧、怀疑、担心被人嫌弃和拒绝，行为中采取逃避方式。

（二）自傲

自傲是过高估计自己的一种自我认知。自傲者以自我为中心，表现出很强的优越感，处处表现自己，对自身的长处无限夸大，炫耀自己，对他人容易指责和怪罪，挑三拣四，盛气凌人。有少部分大学生以天之骄子自诩，认为自己经过十年寒窗苦读非常了不起，所以常常恃才傲物，不尊重社会和他人。

（三）虚荣

虚荣是指追求虚假荣誉的一种心理状态。这种人把荣誉或引起人们的羡慕、赞赏作为一种生活目标追求，因而常常不择手段地去猎取荣誉。这种人很注意别人对自己的评价，又嫉妒任何比自己强的人，把别人取得荣誉视为与自己的竞争。

三、自我管理

自我管理是人通过自我认知，调整自己的心理，促使自己的行为与社会环境相适应的过程。自我管理是个体对自身、自我目标、思想、心理和行为等进行的综合管理，也是自我约束、自我激励的过程。我国古人"修身、齐家、治国、平天下"从本质上指出了自我管理在社会管理中的基础地位。卓越的成功者都是善于发现自我优势、善于进行自我认知和自我评价的，他们善于利用自身的优势，坚持自己的主张，善于利用时间并能做好自我规划和自我管理，因而能取得较大的成就。

（一）自我管理的内涵

自我管理包括广泛的内容，概括起来主要有以下五个方面。

（1）自我分析。个体的职业应当将理想与实际相结合，自我分析能够帮助个体真正了解自己，并且进一步详估内外环境的优势、限制，在"衡外情，量己力"的情形下，设计出合理可行的自我职业发展方向。只有把自身因素和社会条件做最大程度的契合，才能在现实中趋利避害，使职业规划更具实际意义。

（2）自我监督。自我监督是个体对自己的检查、督促与监督。主要包括自知、自尊和自警。自知是个体的自我认知，要求个体要能正确地认识自己，不卑不亢；自尊是个体不轻贱自己，不自怨自艾，怀有强烈的自尊心；自警是个体能做到自我提醒、自我暗示，能进行自我调适，能克服不良心理和负面行为。

（3）自我批评。自我批评是个体对自己的缺点或错误进行的自我揭露和剖析。具备自我批评能力的人能辩证地分析自己，能客观地进行自我批评。自我批评是自我提升的基础，只有能客观和全面地认识自己的错误与不足，才有可能找到提高自己的路径。自我批评包括自省与自责。自省即自我反省，是个体反思自己的不足和缺点，剖析自身存在的问题以求未来

大学生创业职业素养

的进步和提高。自责是对自己的不足进行检讨,承担应该承担的责任。

(4) 自我控制。自我控制是个体能理智地待人接物,能克制自己的情绪,客观地对待批评。具备自我控制能力的个体在社会生活中能控制自己的情绪和言行,努力避免与他人的冲突和矛盾。能做好自我控制的人才有可能获得良好的人际关系。

自我控制的另外一层含义是自我约束,自我约束能力强的人往往具备较强的执行能力,具有坚定的毅力和自律性。另外,在职场中,自我控制也包括个体在工作中能正确处理个人利益与集体利益,能正确区分个人利益与他人利益。

(5) 自我调节。自我调节是个体进行自我疏导的能力,是指通过自我安慰、自我排遣和自我疏导等手段使自己从矛盾、痛苦、自卑和烦恼等不良情绪中解脱出来。具备自我调节能力的个体不自寻烦恼,不折磨自己,不会"用别人的错误惩罚自己",他们能够承认差距,正视现实,也能适时调整目标,转换方向,寻找新的路径。

(二) 提高自我管理能力的方法

杰克森·布朗曾经说过一个有趣的比喻:"缺少了自我管理的才华,就好像穿上溜冰鞋的八爪鱼,眼看动作不断,可是却搞不清楚到底是向前、向后,还是原地打转。"每一个成功人士都是擅长自我管理的人。相反,有些人确实付出了努力,但总是看不到成果,职业发展也不太顺利,这种情况就应该检讨自身是否缺少自我约束和自我管理能力。

(1) 自我定位。正确的自我定位就是要明确自己的价值观,确定自我的职业理想是什么,明确什么对自己最重要。例如,是追求更高的薪酬还是更大的发展空间,不同的个体由于自我定位不同,因此在面对这个问题的时候选择是不一样的。

(2) 目标管理。目标管理既是一种自我管理方法,也是一种提升工作绩效的方法。目标管理法是美国管理大师彼得·德鲁克(Peter F. Drucker)

于1954年在其著作《管理实践》中最先提出来的。《中庸》中说"凡事预则立,不预则废"。目标管理法就是首先确定目标,然后进行目标实现过程的管理,最后进行结果的评估与反馈。目标管理法不仅适用于组织绩效管理,也是一种适合个人自我管理的方法。

(3)时间管理。生命管理的本质是时间管理,生命的有限性决定了时间的稀缺性。职场人士应学会管理时间、利用时间、节约时间,这样才有希望在有限的职业生涯里,创造职业价值的最大化。

时间管理是指通过事先规划和运用一定的技巧、方法与工具实现对时间的灵活有效运用,从而实现个人或企业的既定目标。美国著名管理学家科维提出了一个时间管理的理论,按照重要和紧急两个不同的程度把工作划分为四个"象限":第一类是重要且紧急(比如救火、抢险等)的工作,必须立刻做;第二类是紧急但不重要的事情,应当在优先考虑了重要的事情后,再来考虑这类工作,许多人常犯的毛病是把"紧急"当成优先原则,一些看似很紧急的事实质上并不重要,这些事情办不办甚至无关大局;第三类,重要但不紧急的事情,比如学习、做计划、体检等,对这类事情在没有前一类事压力的情况下,应该当成紧急的事去做;第四类,既不紧急也不重要的事情,比如娱乐、消遣等事情,就等有空再说。上述划分可见图1-2。

	不紧急	紧急
重要	制订计划	马上执行
不重要	学会说"不"	由其他人完成

图1-2

(4)沟通管理。职场中有70%以上的工作是在沟通中完成的,同样有70%的职场问题是因为沟通不畅而出现的,可见沟通在职场中的重要性。职场人士应该学习沟通知识,理解沟通的含义,掌握沟通的规律,了解信息发送、接受的技巧,同时还要在沟通过程中善于倾听并积极做出反馈。

（5）情绪管理。职场工作难免遇到困难和问题，由此引发的愤怒、冲动和恐惧都是人正常的情绪，要承认并正视这类情绪的存在，既不盲目压抑这类情绪，也不能为了寻求发泄而乱发脾气、责怪他人、自怨自艾。

（6）人际关系管理。古人讲"天时地利人和"，所谓的人和，在现代社会就是指人脉，就是人际关系管理。但人际关系管理不是让人一味地去经营人际关系，而是首先要强大自己、提升自己，让自己变得更优秀，只有自己优秀了，才能进入更优秀的圈子。另外，在人际交往中，也要用真诚、诚心和诚信去对待他人，去管理和规划自己的人际关系。

（7）健康管理。健康是事业的基础，没有健康的身体，就无法承担繁重的工作任务，也谈不上成就一番事业。意识到了健康的重要性，每个人都应该养成良好的健康习惯，早睡早起，坚持适度运动，锻炼身体，保持活力，用饱满的精神、昂扬的斗志和充沛的精力去迎接职场挑战，成就职业辉煌。

四、自我性格测试

艾森克的人格维度图反映的是人的四种气质类型：多血质、黏液质、胆汁质和抑郁质。每个人的气质都是不同的，每种气质有其长处也有其短处，如何扬长避短是我们要考虑的问题。气质不决定一个人的社会价值和成就高低，具有不同气质的人都可能成为某一领域人才的杰出代表。

（一）测试题目

下面60道题，可以帮助确定一个人的气质类型，请根据自己的情况在"很符合、比较符合、不太确定、比较不符合、完全不符合"五个答案中选择一个适合自己的，见表1-5。

表 1-5

1. 做事力求稳妥，一般不做无把握的事	2. 遇到可气的事就怒不可遏，想把心里话全说出来才痛快
3. 宁可一个人干事，也不愿很多人在一起	4. 到一个新环境很快就能适应
5. 厌恶那些强烈的刺激，如尖叫、噪声、危险镜头	6. 和人争吵时总是先发制人，喜欢挑衅
7. 喜欢安静的环境	8. 善于和人交往
9. 羡慕那种善于克制自己感情的人	10. 生活有规律，很少违反作息制度
11. 在多数情况下情绪是乐观的	12. 碰到陌生人觉得很拘束
13. 遇到令人气愤的事，能很好地克制自我	14. 做事总是有旺盛的精力
15. 遇到问题总是举棋不定，优柔寡断	16. 在人群中从不觉得过分拘束
17. 情绪高昂时，觉得干什么都有趣；情绪低落时，又觉得什么都没意思	18. 当注意力集中于一事物时，别的事很难使我分心
19. 理解问题总比别人快	20. 碰到危险情境，常有一种极度恐怖感
21. 对学习、工作、事业怀有很高的热情	22. 能够长时间做枯燥、单调的工作
23. 符合兴趣的事情，干起来劲头十足，否则就不想干	24. 一点小事就能引起情绪波动
25. 讨厌做那种需要耐心的细致的工作	26. 与人交往不卑不亢
27. 喜欢参加热烈的活动	28. 爱看感情细腻、描写人物内心活动的文学作品
29. 工作学习时间长了，常感到厌倦	30. 不喜欢长时间谈论一个问题，愿意实际动手干
31. 宁愿侃侃而谈，不愿窃窃私语	32. 别人总是说我闷闷不乐
33. 理解问题常比别人慢些	34. 疲倦时只要短暂的休息就能精神抖擞，重新投入工作
35. 心理有话宁愿自己想，不愿说出来	36. 认准一个目标就希望尽快实现，不达目的誓不罢休
37. 学习、工作一段时间后，常比别人更疲倦	38. 做事有些莽撞，常常不考虑后果
39. 老师讲授新知识时，总希望他讲得慢些，多重复几遍	40. 能够很快地忘记那些不愉快的事情

续表

41. 做作业或完成一件工作总比别人花的时间多	42. 喜欢运动量大的剧烈体育运动或爱参加各种文艺活动
43. 不能很快地把注意力从一件事转移到另一件事上去	44. 接受一个任务后，就希望能把它迅速解决
45. 认为墨守成规比冒风险强些	46. 能够同时注意几件事物
47. 当我烦闷的时候，别人很难使我高兴起来	48. 爱看情节起伏跌宕激动人心的小说
49. 对工作抱认真严谨、始终一贯的态度	50. 和周围人的关系总相处不好
51. 喜欢复习学过的知识，重复做能熟练做的工作	52. 希望做变化大、花样多的工作
53. 小时候会背的诗歌，我似乎比别人记得清楚	54. 别人说我"出语伤人"，可我并不觉得这样
55. 在体育活动中，常因反应慢而落后	56. 反应敏捷、头脑机智
57. 喜欢有条理而不甚麻烦的工作	58. 兴奋的事情常使我失眠
59. 老师讲新概念，常常听不懂，但是弄懂了以后很难忘记	60. 假如工作枯燥无味，马上就会情绪低落

（二）测试得分

测试结果：很符合计2分，比较符合计1分，不太确定计0分，比较不符合计-1分，完全不符合计-2分。将各类型的题目分数相加如下：

（1）胆汁质型得分：第2、6、9、14、17、21、27、31、36、38、42、48、50、54、58题的得分之和。

（2）多血质型得分：第4、8、11、16、19、23、25、29、34、40、44、46、52、56、60题的得分之和。

（3）黏液质型得分：第1、7、10、13、18、22、26、30、33、39、43、45、49、55、57题的得分之和。

（4）抑郁质型得分：第3、5、12、15、20、24、28、32、35、37、41、47、51、53、59题的得分之和。

（三）确定个人气质类型

依据以下标准确定个人的气质类型。

(1) 如果某类气质得分明显高出其他三种，均高出 4 分以上，则可确定为该类气质。如果该类气质得分超过 20 分，则为典型；如果该类得分在 10~20 分，则为一般型。

(2) 两种气质类型得分接近，其差异低于 3 分，而且又明显高于其他两种，高出 4 分以上，则可定为这两种气质的混合型。

(3) 三种气质得分均高于第四种，而且接近，则为三种气质的混合型，如多血—胆汁—黏液质混合型或黏液—多血—抑郁质混合型。

(四) 四种气质的详细分析

(1) 胆汁质。对人对事注重感情，情绪高涨时，工作效率高，干劲大，情绪低落时，萎靡不振，无精打采；喜欢新颖的活动，喜欢场面壮观、气氛热烈的活动，其间能保持旺盛的精神状态；做事匆匆忙忙，完成任务比别人快，办事干脆利落，不拖泥带水；讲求效率，干事喜欢一气呵成，对有兴趣的事情，可以废寝忘食、夜以继日去做；对事情的理解力比别人快，但不求甚解，喜欢边思考、边动手；声音洪亮，行为急躁，容易激动，常因情急而中伤别人，但自己还不曾觉察；表现欲强，自我感觉良好，希望占上风，争上游，不甘示弱；姿态举止幅度大，手势丰富，动作夸张。

这种气质类型又称"不可遏制型"，特点是：情绪兴奋性高，发生得快，带有爆发的性质；情绪体验强烈，外部表现明显，但爆发后又能很快平静下来。

(2) 多血质。感情丰富，喜怒于色，稍不如意就会暴跳如雷或大声痛哭，但稍得宽慰又会破涕为笑；做事时，开头劲头很大，但表现散漫，有始无终；学习上缺乏毅力，成绩起伏较大；喜欢直观、形象的思考，而对抽象的分析、概括感到枯燥无味；注意力很不集中，容易见异思迁；自我评价多受别人的态度影响，注意别人对自己的评论，也好评论别人；善于交际，对朋友重感情，讲义气，但友谊不巩固，缺少知心、稳定的朋友；

活动敏捷,举止轻盈,但不老成稳重;兴趣广泛而不稳定,钻研精神不足;在多数情况下抱乐观态度。

这种气质类型又称"活泼型",特点是:热情、开朗、无忧无虑、活泼好动,对外界事物感受迅速、强烈但不深入,不能持久;兴趣广泛但注意力易分散,感情易变化。

(3)黏液质:面部表情不丰富,举止的幅度也不大;平时沉默寡言,说话声调不高,慢条斯理,不易激动,行为平静,有一贯性,能长时间地从事一项工作,长时间地保持一种姿态;自制力较强,能尊重社会上的各种制度规范,在工厂、学校是遵守纪律的人;理解问题比别人慢,但能认真听讲,并希望多听几遍;工作认真,有始有终,工作进程有条不紊,工作安排井井有条,不做没把握的事,容易被人信任;兴趣集中,有毅力,不受环境干扰,注意力集中,不容易分散;对工作环境的要求高,喜欢安静的工作环境,渴望平静的工作;为人平和,心胸开朗,善于克制自己,生活上不与人计较。

这种气质类型又称为"安静型",特点是:情绪不易激动,内心冷漠,动作稳妥,不善于交往但善于忍耐,注意力稳定,有较强的自制力。

(4)抑郁质:情绪黯然,表情总是平淡中带有哀愁,做大部分事情很难引起强烈的愉快情绪;不合群,喜欢独来独往,善于独自深思;感情脆弱,常为一点小事愁眉不展,行为上患得患失;怯弱、害羞,讲话声音细弱,好脸红,怕与生人打交道;对别人的态度体验深刻,容易耿耿于怀;对新知识、新观念接受较慢,但接受后很难忘记,对过去的事比别人记得清楚;精力不充沛,容易疲劳;有惊人的观察力,别人不注意的细小变化,他都能了如指掌;不善交往,不喜欢吵闹繁杂的环境,有心里话不愿说出来。

这种气质类型又称为"抑制型",特点是:情绪兴奋性高,敏感,体验深刻、持久、内倾,各种心理活动的外部表现都是缓慢而柔弱。

五、自我认知训练

(一) 训练目的

（1）培养学生自我认知和自我分析的能力，锻炼语言表达和倾听能力。

（2）培养良好心态，正确对待他人的评议，能客观认识和分析自我及他人。

（3）了解自我认知与他人认知评价的目的与意义。

(二) 训练过程

（1）学生分组：学生5~7人为一个小组，选出组长一名，记录和整理自我认知与他人认知讨论材料。

（2）小组成员讨论，开展自我分析与评价他人，讨论结束后每位同学进行发言。

（3）团队成员自我心理暗示与鼓励项目分析、总结。

（4）老师对各个学生团队的技能项目进行情况进行总结与分析。

(三) 总结提高

要求完成自我认知训练的表格，并总结在自我认知与他人认知训练过程中的感受与提高，并写出总结报告，每人一份。

(四) 自我认知与他人认知训练项目总结

（1）列举自己性格方面的三个优点，填入表1-6。

表1-6

项目	自我认知	好朋友的认知
最突出的优点		
最早发现的优点		
被人忽视的优点		

（2）列举自己性格方面的三个缺点，填入表1-7。

表 1-7

项目	自我认知	好朋友的认知
最突出的缺点		
最早发现的缺点		
最容易改正的缺点		

（3）分析如何发挥你的优点，及如何克服自己的缺点，并写出自我提升计划，要写出具体的方法和措施。

（4）对这个训练项目进行总结，思考自己有哪些体会。

本章小结

创业有广义和狭义之分。广义的创业是指成就事业，也就是开拓一份属于自己的事业；狭义的创业是指创业者创建企业的过程。创新和创业有密切的关系，创新是创业的源泉和动力，创业是创新价值的体现；创业的本质是创新，创新和创业之间相互推动和影响。

创业者是一个或者一群不以工资形式谋生而进行创业的人，他们组织、管理一个生意或企业并承担风险，其本质是一群自我雇佣的人。创业者的素质和能力是创业能否成功的重要条件，创业者应具备创业精神、完备的知识结构、良好的心理素质和身体素质，同时还应具有创新能力、学习能力、机会识别能力和组织管理能力。

自我管理是人通过自我认知，调整和修正自己的心理，促使自己的行为与社会环境相适应的过程。自我认知是自我管理的基础，学习自我认知的相关知识有助于更好地认识自我，进而开展自我管理工作。

第二章
大学生创业与职业选择

学习目标：

1. 了解大学生就业现状。
2. 掌握职业生涯的概念和职业生涯规划知识。
3. 理解职业适应过程。

能力目标：

1. 掌握职业生涯规划方法并进行自我职业生涯规划。
2. 正确对待职业适应过程。

第一节 创业与就业

一、大学生就业现状

近年来随着大学生毕业人数的不断攀升，大学生就业已经成为社会关注的一个热点和重点问题，总体来看，大学生就业也呈现出一些新的特点。

（一）大学生就业竞争压力不断增大

教育部数据显示，从2001年开始，中国普通高校毕业生人数一路上升。2001年，全国高校毕业生人数仅有114万人，2016年达到765万人，15年间高校毕业生人数增长了651万人。2017年全国普通高校毕业生预计795万人，比2016年增加30万人（如图2-1所示）。

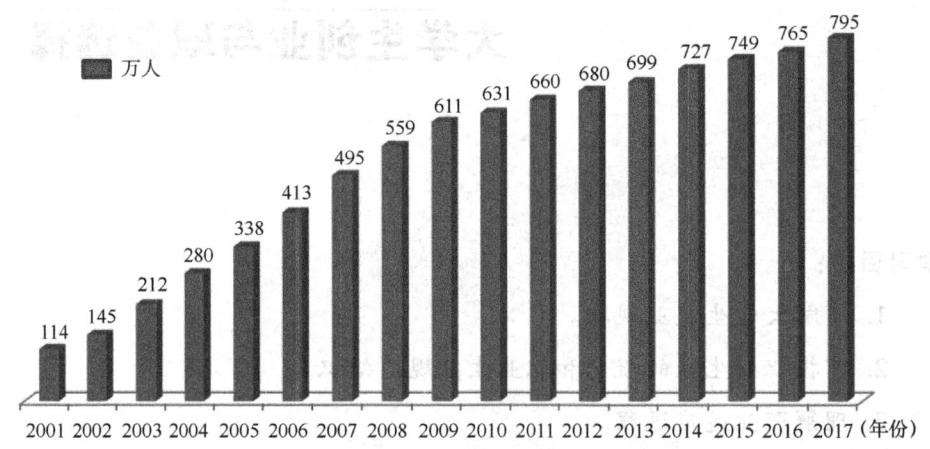

图2-1　2001—2017年全国高校毕业人数

在高校毕业生人数不断攀升的同时，近年来国内经济及政策的良好形势也吸引了大量的出国留学生回国就业，因此实际的就业市场上就业竞争人数还要更高，就业压力也不断增大。

（二）就业市场结构性矛盾突出

就业市场上除了大学毕业生人数的逐年增长之外，还表现出就业供需的结构性矛盾。在劳动力供给方面，大学毕业生人数逐年攀升，而在劳动力需求方面，许多企业在招聘要求中均提出"要3~5年工作经验"或者"具有硕士（学士）学位"等要求，这种现象的本质是就业市场上供求不匹配的结构性矛盾。另外，这种矛盾也体现在不同行业的受欢迎程度上，由于社会文化等多种原因，某些行业的招聘岗位会受到更多大学毕业生的青睐。

一份针对全国大学毕业生的调查结果显示，分学历层次的初次就业率呈现两头高、中间低的"U"字形特点，博士生和硕士生的初次就业率最高。从学校类型层面分析，高职大专院校的初次就业率最高，其次是"211"（包括"985"）重点大学。

（三）大学生初次就业薪酬普遍不高

2011年，大学生就业的平均月薪曾超过5 000元，达最高值，但随后在2012年、2013年持续下降，几乎每年降幅都接近千元。《2014年毕业生薪酬全面调研报告》显示，2014年新就业大学生的平均月薪只有2 400元左右，平均薪酬增幅低于2013年，增幅呈逐年下降趋势。在薪酬捉襟见肘的同时，啃老成了部分毕业生不得已的选择。网络数据显示，65.9%的2014届毕业生在毕业以后不会再得到父母的资助，这些人依靠自己的收入实现了经济独立。其余三成多仍需"啃老"，有5.9%的人每月还会得到父母1 000元以上的经济资助，这5.9%的人中有84%的人没有找到工作，但是他们的月均开销却达到1 553元，比2014年应届生的平均水平高出36%。

不过值得肯定的是大学毕业生的未来薪酬上涨是可以期待的。调查显示大学生毕业半年后月收入连续增长，一般毕业生毕业3年后收入翻番。尽管大学毕业生起薪涨幅低于城市居民收入同期涨幅，但大学毕业生工作3年后的薪资与起薪相比上涨114%。

（四）大学生就业途径多元化

当前大学生就业途径日益多元化，除了就业、自由职业、自主创业、其他灵活就业等形式外，国内升学、出国及出境求学的人数也不断刷新纪录。同时社会对就业的态度也发生了变化，社会环境对于毕业后暂时待业、自主创业和自由职业等更加宽容、理解和支持。

在"大众创业"氛围引导下，大学毕业生择业观发生较大转变，创业正成为他们的就业新选择。特别是随着"90后"一代进入就业年龄，很

大学生创业职业素养

多年轻人为了追逐梦想、从事自己喜欢的职业和事业,大胆创业的想法也得到了家庭、学校和社会的认可与支持。总体来说,大学生就业的社会文化环境日益宽容,就业途径日益多元化。

二、大学生创业与就业的关系

(一)创业带动就业

毫无疑问创业能够促进社会就业。大学生创业不仅解决自身的就业问题,也为社会创造了就业岗位和就业机会。从国家层面来看,创业不能仅限于高科技、做大事,也需要在更多与社会生活方方面面紧密相关的具体小事上有所改善。德国作为经济和科技稳定发展的国家,支撑其国民经济的主要是占比80%的中小私人企业,比如面包店、洗衣房等也都在改善服务、培育人才、更新产品等方面不断创新,受益的不仅是政府和社会,对学习者而言,也提供了开阔和多元化的创新空间。

我国为了鼓励大学毕业生自主创业,制定了相应政策支持大学生创业。不少地方不仅建立了相应的孵化器或工作站,对在校大学生"休学创业"也给予制度与政策方面的支持,各地政府也在知识产权、专利开发、信息服务、法律指导、资金扶持等方面给予了相应的鼓励和优惠,目前已经有一定数量的大学生创业者享受到了相应的政策扶持和优惠,也创造了良好的社会效应。

(二)就业的本质是岗位创业

就业指大学生毕业后进入企事业单位从事某个岗位工作,就业的本质是一种岗位创业。随着现代社会知识更新速度的加快,每个岗位的人员都需要不断地学习和创新,因此大学毕业生进入岗位工作的同时,必须不断地进行岗位创业。

岗位创业是创业的一种类型,与其他创业类型相比,岗位创业面对的创业环境更加优化,所承担的压力更小,所拥有的资源和平台更好,能利用的机会也更丰富。总之，岗位创业既是就业也是创业，它是一种门槛更低、机遇更多的创业形势，适合更广泛的人群去尝试。

（三）创业和就业是阶段性的

创业和就业可能是个体在某个阶段的选择，有较强的时间意义。例如，目前非常成功的某个创业者在其职业生涯初期曾经长期受雇于某企业，而且未来该创业者仍然有可能受雇于其他企业。"下海经商"就是指改革开放初期很多企事业员工辞职开始创业的浪潮，例如马云、俞敏洪都曾经做过英语老师，经过坚苦创业后，现在都是著名的企业家。

当然，也有创业者因为创业失败、个人兴趣或者其他原因再进入企事业单位重新就业。

三、职业生涯规划调查问卷

本问卷目的在于帮助员工认识职业生涯规划的内容，了解职业发展目标、规划、现状以及差距，以便使企业能更好地帮助和指导员工成长、发展。填写时，可参考每个问题后的填写指导表格进行填写，但不要求限定在"填写指导"的范围内。

（一）职业目标

你是否有职业规划？具体内容如何？现阶段进展情况如何？如果有，请写出来。

如果没有请考虑并填写表 2-1 中所列的职业目标。

表 2-1

职业发展方向：	
学历目标：	
职位目标：	
薪酬目标：	

(二) 社会环境分析

(1) 社会一般环境。你对社会一般环境如何预测？对你的职业发展有哪些有利因素和不利因素？参见表2-2。

表2-2

有利因素	
不利因素	

(2) 职业路径环境。管理岗位和技术岗位是两条不同的职业发展路径，在你的规划中你选择何种路径？为什么？参见表2-3。

表2-3

拟选择管理岗位还是技术岗位	
选上述岗位的原因	
现有的基础	
尚需提升的知识/技能	

(3) 行业分析。你打算进入哪个行业工作？请分析目前该行业的现状及未来发展状况，预期本行业在未来5年的发展中有何阻碍？有哪些有利因素？参见表2-4。

表2-4

拟进入行业	
行业目前发展状况	
未来五年行业发展可能遇到的阻碍	
行业未来五年发展的有利因素	

(4) 创业分析。未来5年内，你打算自己创业吗？你认为自己具备了哪些创业的优势？或者为什么不打算创业？对你来说，什么时候或者具备了哪些条件是一个适宜的创业时机？参见表2-5。

表 2-5

有无创业计划（时间）	
创业的优势	
创业的劣势	
适宜的创业时机	

（三）自我分析

（1）家庭环境分析。家庭关系是否和睦？家庭经济状况如何？家人对你的职业期望是什么？家人对你的职业选择是否支持？参见表 2-6。

表 2-6

家庭关系是否和睦	
家庭经济状况如何	
家人对你的职业期望	
家人对你职业选择的态度	

（2）个人现状。个人性格特征是什么？个人具备哪些优势和劣势？曾取得何种成绩？个人发展最大的障碍是什么？与他人的沟通如何？参见表 2-7。

表 2-7

个人性格特征概述	
个人优势及取得的成绩	
劣势或障碍	
与他人的沟通能力	
其他性格特点分析	

（3）他人评价。你周围的家人、朋友、同学和老师对你评价如何，有什么期望？参见表 2-8。

表 2-8

身边的人对你人品的评价及期望	
对你工作能力的评价及期望	
对你沟通能力的评价及期望	

（四）制定职业生涯规划

根据上述分析和测评，完成个人职业生涯规划，并思考下列问题：

（1）你对自己的看法和他人对你的认识一致吗？

（2）你是否对最初的职业发展目标进行了调整，为什么？

（3）外部环境对你的职业发展有哪些影响？

第二节 职业选择与规划

职业是关系着每个社会成员一生的重大问题，人的一生约有三四十年的职业生涯，任何人都将面临职业选择与规划问题。

职业是人们在社会中所从事的作为谋生手段的工作，是参与社会分工，利用专门的知识和技能，创造物质财富、精神财富，获得合理报酬，满足物质生活、精神生活的工作。从社会角度看，职业是劳动者获得的社会角色，劳动者为社会承担一定的义务和责任，并获得相应的报酬。从人力资源角度来看，职业是指不同性质、不同内容、不同形式、不同操作的专门劳动岗位。

一、职业与职业生涯

（一）职业

职业是人们从事的相对稳定的、有收入的、专门类别的工作。它是对人们的生活方式、经济状况、文化水平、行为模式、思想情操的综合性反映；也是一个人的权利、义务、权力、职责，即社会地位的一般性表征。

职业的特性为：①经济性，即从中取得收入；②技术性，即可发挥个人才能与专长；③社会性，即承担社会的生产任务（社会分工），履行公民义务；④伦理性，即符合社会需要，为社会提供有用的服务；⑤连续性，即所从事的劳动相对稳定，是非中断性的。⑥社会性，职业类别、职业环境和职业中的个人等级（如局长、厂长或办事员）就是人的社会地位的象征。

（二）职业类别

按照不同的分类标准，可将职业进行不同分类。

（1）政府教育部门所制定的专业学科分类：机械工程类职业、文秘类职业、计算机类职业、自动化类职业等。

（2）按照职业兴趣分类（美国社会学家霍兰德）：现实型（即技能型）、调研型、艺术型、社会型、企业型（即领导型）、传统型（即常规型）6种。

（3）按照社会地位分类：专业人员（或专门性人员）、业务经理和官员、职员与类似职员、熟练工人与工长、半熟练工人、非熟练工人6类。

（4）从现实人力资源管理的角度看，职业或者工作、岗位，首先是体力、脑力两个最大的类别（对应于我们常说的"工人""干部"）。进一步来说，能够为用人单位掌握、用于招聘选拔人员和进行岗位管理的职业，可以划分为科学研究、工程技术、经济工作、文化教育、文艺体育、医疗卫生、行政事务、法律公安、生产工人、商业工作、服务工作和农林牧渔12个类别。

（5）我国颁布的《中华人民共和国职业分类大典》，比照国际标准，把职业分为四个层次，包括8个大类、66个中类、413个小类、1 838个细类。职业分类大典中的"细类"，是我国分类体系中的最基本类别，即我们所关心的"职业"。内容包括职业编码、职业名称、职业概述、职业定义、职业内容描述，以及归属于本职业的工种的名称和编码。

(三) 职业生涯

在现实生活中，一个人选择一种职业后也许会终身从事，也许一生中会转换几种职业，不论怎样，一旦开始进入职业角色，他的职业生涯就开始了，并且随时间的流逝会继续下去。职业生涯就是表示这样一个动态过程，它指个人一生在职业岗位上所度过的与工作活动相关的连续经历，并且包括在职业上获得的成功与失败，也就是说，不论职位高低，不论成功与否，每个工作着的人都有自己的职业生涯。职业生涯不仅表示职业上工作时间的长短，而且内含着职业发展、变更的经历和过程，包括从事何种职业工作、职业发展的阶段、由一种职业向另一种职业的转换等具体内容。

职业生涯将个人的职业生活看作是一个动态的过程，具有浓厚的个人色彩。简单地说，职业生涯就是一个人的终身职业经历。一个人一生中连续从事的职业，不仅包括过去、现在和未来那些可以实际观察到的职业发展过程，而且还包括个人对职业生涯发展的见解和期望。具体地讲，职业生涯是以心理开发、生理开发、智力开发、技能开发、伦理开发等人的潜能开发为基础，以工作内容的确定和变化，工作业绩的评价，工资待遇、职称、职务的变动为标志，以满足需求为目标的工作经历和内心体验的经历。

根据我国劳动法的规定，职业生涯的时间为 40 年左右。法律规定，职业开始的时间最早为 16 岁，而根据性别不同，目前职工退休时间分别为男性 60 周岁，女性 55 周岁。但是随着现代人受教育时间的延长，职业生涯一般短于法定时间段。

二、大学生的职业规划

(一) 大学生职业规划的必要性

职业生涯虽然很漫长，但是每一个阶段都有特殊的任务，大学时期是职业生涯的重要准备阶段，有其特殊任务。许多新生在高三饱受高考"折磨"后计划着大一、大二先轻松一下，到大三再努力也不迟，但回顾近年学生毕业时的情形，看到的更多是大学生们找工作时的慌乱、艰难。学生们已经淡化了专业对口，不再关心户口问题，甚至对工资要求也越来越现实，但没有工作经验、知识能力储备不足、英语不够好、自我定位不够准确等还是对其就业产生负面影响。

许多专家认为，其实职业规划应从大一做起，大学时期是毕业起跑的助跑期。目前一般的大学生存在抗压能力差和合作能力较弱、考虑问题深度不够、文字表达能力不佳等问题。在业务素质方面，大学生自我计划学习哪些知识、掌握哪些技能来提高自身的业务能力，在潜能开发方面采取什么措施等，都要有具体的计划与明确的措施。因此大学期间进行职业规划很重要。

（二）大学生职业规划的阶段

（1）大一：自我发现阶段。作为刚开始大学生活的新生，不必过多地去考虑自己将来要做什么。而应该尽可能多地积累知识和能力，发展自己的兴趣爱好等。这些有助于大学生对自己更好地定位，发现自己在哪一方面更有潜力。刚步入大学的大一新生，应该多问问自己下列问题：我是谁？我处于什么样的位置？我最擅长做什么？

在大一具体应该从以下几点来为自己的将来做准备：在基础课程、学生工作、体育运动、课余活动等方面发展兴趣和技能；学会熟练地查询相关就业或求职信息，了解不同的职业和职位要求；多与父母、朋友、老师和已经工作的前辈讨论自身对不同职业的兴趣；多参加一些跟求职有关的小组讨论、自我测试等，了解自己的优势等；努力学习，让自己的成绩越来越好。

（2）大二：扩展职业视野。很多大学生都很困惑这样一些问题：我专业学得很好，但我能拿它做什么呢？我这个专业有些什么样的职业选择呢？外面社会是什么样的？某某专业将来能做什么工作呢？

作为大学生，在这一阶段要继续考查职业领域并搜集信息。最好的信息来源是一些与自己所学专业相关的行业、企业中工作的人。暑期实习、社会实践、志愿活动等都可以为自己提供第一手的信息。

具体从以下几点来做准备：继续在职业选择方面扩展知识，罗列那些听起来很吸引人的职业，并试着去了解这些职业；通过招聘网站、报纸等媒介来更多地了解人才市场；通过就业中心、图书馆、互联网等搜寻相关资料；与那些在自己感兴趣的领域工作的人面谈，了解更多信息，参与对方一天的工作，建立对这些工作的直观认识；通过暑期实习、社会实践、志愿活动等机会来积累工作经验，并通过实地考察来确定自己的职业偏好；参加招聘会和其他与求职相关的活动来扩展对各种行业、职业的认识。

（3）大三：缩小选择范围。这一阶段，要思考这样几个问题："我有好几个职业目标，哪个才是最适合我的呢？""应该做些什么来为获得这个职位做准备呢？""从入学到现在，我的兴趣发生了怎样的变化，而这些变化又将怎样地影响到我的现在呢？"

暑期实习和社会实践不仅能帮助大学生学到新的技巧，了解更多的行业知识，还能为大学生积累起一定的关系网。同时，大学生也应该更努力地学习专业知识，出色的成绩是必要的。此外，需要回过头去，再问自己"我是谁？""我想做什么？"这时的答案会对大学生有所启发。

具体从以下几点来做准备：首先，缩小自己的职业选择范围，并与就业指导老师及辅导员等进行讨论，思考自己是否仍然对以前的决定满意；其次，如果大学生选择的职业需要更高的学位，那么就要开始准备读研；再次，考察自身所向往的公司及其工作环境，锁定那些能够提供适合自己职位的企业；最后，开始尝试与心仪的企业联系，扩展自己的关系网，为接下来的求职做准备，同时继续积累与就业相关的工作经验和经历。

（4）大四：做出职业选择。大四学生要思考以下几个问题："我可以获得哪些工作？""我如何找到最适合我的工作？""我是应该直接去深造还是等工作一段时间后再读研究生？"

具体来说，大学生可以从以下几方面来做准备：第一，通过参与就业中心的项目来探索成功求职的一些秘诀，并向职业咨询师咨询；第二，为自己的第一份工作做准备，和本校校友交流他们在工作第一年时的情况，这样可以预期到未来的一些挑战；第三，使用自己的通讯录来找到那些可能会提供工作机会或者可以为自己写推荐信的人；第四，探询所有的职业机遇，参加招聘会和宣讲会，并密切注意网站、报纸等各种媒介。

三、职业生涯规划

（一）职业素质测评

有句话说"自我在选择职业，职业也选择自我"。一方面求职者根据社会需要、个人意愿、能力、个性特征，选择适合自己发展的职业或工作岗位；另一方面，职业或工作岗位也对求职者进行选择，不同职业对求职者的知识、能力、性格等心理品质有不同要求。

从总体看，职业素质包括能力、人格、理念、健康四大要素，每一个要素之中又有若干子要素，这些要素的不同组合就形成人们五光十色、大相径庭的素质。能够使职业生涯成功的素质的关键，在于一个人特定的职业生涯发展所必需的各种要素要齐备，并且有着科学、合理的组合。这种组合，恰恰反映了成功素质的多维性。

（1）自我剖析。自我剖析就是对自己进行全面的分析，认识和了解自己的特点，以便准确地为自己定位。自我剖析的内容包括自己的兴趣爱好、能力特长、气质性格、学识技能、智商情商，以及协调、组织、管理、活动能力等。自我剖析与定位是进行职业生涯规划的前提和基础。

自我剖析的过程，实际上是自我暴露和解剖的过程。其重点是分析自己的条件，特别是兴趣、特长、性格与需求。如前所述，兴趣是工作的动力，如果一个人的工作与自己的兴趣相符，那么工作就是一种享受和乐趣。特长主要是分析自己的能力与潜力。性格是职业选择的前提，内向的人从事外向型的工作，难以成功。需求主要是分析自己的职业价值观，弄清自己究竟要从工作中获得什么。因此，自我剖析是职业生涯规划的基础，直接关系到个人未来事业成功与否。

具体而言，自我剖析的功能有以下几点：首先，通过对自我、目标、环境及状况的综合分析和鉴定，个人能更好地选择自己的职业，更快地达到自己的职业目标。在职业规划过程中，强调自我剖析的核心作用及内容，能带来许多积极的影响，它能使人们从长计议自己的职业。更重要的是，它使人们在职业管理中充分考虑个人的责任。自我剖析行为促使人们检查过去做出的选择，以及这些选择的效果，并据此引导以后的职业选择。其次，职业生涯规划还是产生职业变动的一种原动力。许多时候，个人是通过自我剖析认识到一定的职业变动的必要性的，实际上，每个人都拥有或多或少的选择机会。再次，自我剖析还能鼓舞个人去尝试新的工作，或挑战更艰巨的工作。

（2）自我剖析的方法。通过自我剖析认识自身的条件，进行比较准确的自我评价，并对此做深层次的分析，以便根据自身的特点设计自己的职业发展方向和目标。自我剖析的方法大致可分为两种：一种是橱窗分析法；另一种是心理测试法。通过这两种方法的分析测试，大致可以较全面地了解自己、认识自己，并以此为基础规划和设计自己。

运用橱窗分析法的心理学家把对个人的了解比喻成一个橱窗。为了便于理解，可以把橱窗放在一个直角坐标系中加以分析。坐标的横轴正向表示别人知道，负向表示别人不知道；纵轴正向表示自己知道，负向表示自己不知道。

心理测试法是通过回答有关问题来认识自己、了解自己。测试题目是由心理学家们经过精心研究设定的，只要如实回答，就能大概了解自己的有关情况。这是一种简便易行的自我剖析方法。由于现代计算机软硬件技术的发展，自我测试往往可采用计算机测试的方式进行。计算机测试法操作方便，其科学性、准确性也相对较高。当前，用于测试的软件多种多样，许多网站也开设了网上测试。自我测试的内容和量表很多，比较著名的有以下四种：一是人格测试，例如明尼苏达多项人格测验（MMPI）、卡特尔16种人格测验、艾森克人格问卷测试以及瑟斯顿人格测验等。二是智力测试，常用的智力测试有史丹福—比纳智力量表、韦克斯勒智力量表和瑞文推理量表，以及威斯曼人员分类测验（PCT）、基本成就测验（FAS）、高级人员测验（APT）等。三是能力测验，其测验方法有明尼苏达办事员测验、一般办事员测验、短期雇佣测验（SET）等。四是职业倾向测验，目前测试方法有爱丁堡职业倾向问卷、男性职业兴趣问卷表、库德职业偏好记录、明尼苏达职业兴趣问卷表等。

美国著名的惠普公司非常重视员工的职业生涯发展规划，为了帮助公司每位员工制定令个人满意的、有针对性的职业生涯发展计划，公司开设了职业生涯规划与管理的课程，开发分析工具让员工用来自我剖析，其分析工具如表2-9。

表2-9 惠普公司的员工自我剖析工具

一份书面的自我访谈记录	给每位参加者发一份提纲，要他们提供有关自己生活（有关的人物、地点、事件）、经历过的转折以及未来的设想的记录，并让他们在小组中互相讨论
24小时活动日记	参加者要把一个工作日及一个非工作日全天的活动如实而无遗漏地记下来，用来对照其他来源所获同类信息是否一致或相反
"重要人物"的访谈记录	每位参加者要对自己关系密切或对自己有较重意义的人，如配偶、朋友、亲戚、同事或其他重要人物中的两个人，就自己的情况提出一些问题，听听这些旁观者对自己的看法

续表

个人生活方式描述	每位参加者都要用文字、照片、图像或其他手段,把自己的生活方式描绘一番
个人兴趣调查问卷	确定他们对职业、专业领域、交往的人物类型等的喜恶倾向,为每个人同各种不同职业中成功人物的兴趣进行比较提供依据
价值观问卷	从多种相互矛盾的价值观中做出选择,从而测定这些参加者对多种不同的理论、经济、美学、社会、政治及宗教价值观接受和同意的相对强度

表2-9所述的6种工具基本可分为两类:前四种属于橱窗分析法,后两种为心理测试(问卷)法。

(二) 职业环境分析

职业环境分析就是要认清所选职业在社会大环境中的发展状况、技术含量、社会地位、未来发展趋势等。进行职业环境分析的要求是通过职业环境分析弄清职业环境对职业发展的要求、影响及作用,对各种影响因素加以衡量、评估并做出反应。关注当前热点职业有哪些、发展前景如何、社会发展趋势对所选职业有什么影响、要求如何等问题。总的来说,职业环境分析包括两大方面的内容:社会环境分析和组织(企业)环境分析。可以采用的分析方法有SWOT分析法。

(1) 个人优势与劣势评估。一般来说,在进行职业生涯设计的SWOT分析时,首先要分析自身的优势和劣势。在职业生涯设计中,如果能根据自身长处选择职业并"顺势而为"将自己优势发挥得淋漓尽致,就会事半功倍、如鱼得水。职业生涯设计的前提是知道自身优势是什么,并将自己的生活、工作和事业发展都建立在这个优势之上。具体来说,就是要知道:曾经学习过哪些课程,参加过什么社会实践;曾经做过什么,积累了哪些工作经验;在曾经做过的事情中最成功的是什么,是如何取得成功的等。通过分析,可以发现自己的长处,譬如坚强的意志和创新精神,以此作为进行个人深层次挖掘的动力之源和魅力闪光点,形成职业生涯设计的有力支撑。

同样需要分析自身的劣势和最不喜欢做的事情。不知道自己的劣势在哪里，就会盲目高兴，会觉得天生能做好许多事情，从而沉浸在自我优势的圈子里，像井底之蛙，不知天到底有多大。找到自己的短处，可以努力去改正自己的错误，提高自己的技能，放弃那些自己不擅长的要求很高的职业。具体来说就是要清楚自我性格的弱点，认识"他我"与"自我"有何不同；分析经验或经历中所欠缺的方面；思考自己经历中最失败的是什么、为什么会失败等。

评估自己的优势与劣势的时候，一定要全面、客观、深刻，绝不能规避缺点和短处。"当局者迷，旁观者清"，尽量多参考父母、同学、朋友、师长、专业咨询机构等的意见，力争对自我有一个全面的认识。

（2）职业机遇和威胁评估。环境为每个人提供了活动的空间、发展的条件和成功的机遇。特别是近年来，创新创业日益普及，经济快速发展为大学生提供了发展空间，网络技术的发展使大学生能了解更多的信息，出国深造的途径日益丰富，择业的双向选择为学生提供了更多的自主选择权等。这都是大学生面对的机遇。

有人说，在机会面前有五种人：第一种人创造机会；第二种人寻找机会；第三种人等待机会；第四种人错过机会；第五种人漠视机会。我们如果做不了第一种人，至少也要主动去寻找机会。如果我们不善于创造机会，那我们一定要善于抓住身边的机会，不可让机会从指尖流走。

除了机遇，在这个社会中也会面对各种各样的挑战和威胁。这是我们无法控制的外部因素，但是我们却可以弱化它的影响，这些因素包括：就业还处于买方市场、所学专业过时或不符合社会的需要、来自同学的竞争、面对有更优技能和更丰富知识及更多实践经验的竞争者、公司不雇用自己所学这个专业的人等。这都是大学生可能遇到的挑战。

面对挑战，大学生应该有正确的认识，个人很难改变社会适应自己，只能改变自己，提高自己适应社会的能力，通过个人努力把挑战转化为一种内在的动力，这样才能避免不利因素的影响，在困境中脱颖而出，寻求发展和成功。

（3）确定职业目标。通过 SWOT 分析，列出自己从学校毕业后最想实现的 4~5 个职业目标。这些目标可以包括：最想从事哪一种职业，这种职业的最高理想是什么，或者希望自己拿到的薪水属于哪一级别等。

（4）列出职业行动计划。有了职业目标，就要制订具体的行动方案。要拟出一份实现上述每个目标的行动计划，并且详细地说明为了实现每一目标，需要做的具体事件以及何时完成这些事。同时可以考虑如果某个过程需要一些外界帮助，也要列出需要何种帮助及如何获取这种帮助。

（三）职业目标

职业生涯目标是学生职业生涯规划的核心，也是实现职业理想的起点。对于学生个人来说，它不是一步完成的，其程序大体包括：求学期间职业理想的萌动与对职业的认知，职业目标的初步确立，相关知识的学习和培训，职业信息的搜集、筛选和运用，就业协议的签订，从业后职位的选定，以及职业流动和岗位迁移等。调整职业生涯目标是奠基性的工作，这种奠基性工作可以帮助学生顺利就业并乐于从业，为其实现人生理想奠定基础。

确立职业生涯目标要坚持比较性原则，全面地认识职业，通过纵横对比、权衡利弊，"两利相权取其重，两弊相权取其轻"。充分了解与自己所学专业对应的职业群以及该职业群在经济建设中的地位和作用，并在此基础上进行三个方面的比较：一是比较该职业群中各种职业的社会价值、工作性质、工作条件、薪资待遇、从业人员的发展前途；二是比较职业岗位对从业人员的素质要求与自身具备条件的相符程度，包括学历、专业、性别、智力、体力、性格等方面；三是将众多与自身条件及意愿相一致或相近的职业岗位进行比较，选择与自身条件及意愿最为接近的职业岗位群作为实现自己职业理想的途径与载体。

(四) 职业路径

职业路径是组织为内部员工设计的自我认知、成长和晋升的管理方案。职业路径在帮助员工了解自我的同时使组织掌握员工的职业需要，以便排除障碍，满足员工需要。另外，职业路径通过帮助员工胜任工作，确立组织内晋升的不同条件和程序，对员工的职业发展施加影响，使员工的职业目标和计划有利于组织的需要。

(1) 职业梯。职业梯是决定组织内部人员晋升的不同条件、方式和程序的政策组合。职业梯可以显示出晋升机会的数量和获取方式，从而为那些渴望获得内部晋升的员工指明努力方向，并提供平等竞争的机制。

(2) 员工职业发展的不同道路。现代社会组织一般都设置了双重职业成长道路。发展路线不同，对员工要求也就不同，这一点不能忽视，因为即使同一职业，也有不同的岗位。有的人适合搞行政，可在管理方面大显身手，成为一名卓越的管理人才；有的人适合搞经营，可在商海大战中屡建功勋，成为一名经营人才。在组织里向上调动意味着一个员工最终将变成一个管理者，并将执行那些管理岗位上典型的职责，这被认为是员工得到组织认可的唯一途径。

职业成长道路是职工在企业组织中职业晋升的路线。晋升，是在组织中被指定做更高一级的工作。通常，新的工作在薪资和地位上有所提高，并要求有更多的技能或承担更多的责任。晋升能够使组织更有效地利用其员工的技能和能力，而且也可以将得到晋升的机会看作是对好的业绩的一种激励。决定晋升的两个基本标准是美德和资历。通常的问题是如何决定所考虑的每个因素的权重。一旦根据工作的重要性对其所需的技能进行识别和加权，就可以规划工作提升。典型的事例就是一个没有经验的新员工被分配去从事一项"初始工作"。从事此项工作一段时间之后，这个员工可以提升到一个需要更多知识或更多技能的岗位上来。大多数组织集中发展管理型、专家型和技术型的工作提升，然而工作提升应该针对工作的所有量表进行，这样，这些工作提升就可以作为个人职业成长道路的基础。

（3）员工职业运动的不同方向。根据运动方向的不同，员工职业可分为三种运动方向：横向运动、纵向运动以及核心度方向运动。横向运动是指跨越职能边界的调动。比如，员工由生产部门转到市场营销部门或后勤部门等，这种职业运动有利于员工扩展个人的专业知识与经历，对员工的职业生涯具有重要的作用。纵向运动是指沿着组织的等级层次跨越等级边界，获得职务的晋升，如员工从会计专业技术职务升到专业性的管理职位上，如财务部门经理。核心度方向运动是一种非正式的、影响颇大的运动方向。这种职业运动方向是指职工虽然未获正式授职晋升，仍处于较低层级，但却通过某种非正式的联系，如社交或业余活动中邂逅上级领导，接触后产生友谊等，更容易接近企业决策的核心层从而增大影响力，它是一种跨越核心圈内、外边界的运动。

在企业中员工职业运动往往是混合的，即兼有横向、纵向以及核心度方向的运动。对员工来说，应理解职业发展的每一步都有得必有失，如财务部门的会计被提升为财务部门经理后，他可能就不得不放弃自己的专业技术，损失自己在工作中的专业技术成就感与胜任感，不过能获得相应的地位和影响力等。

（五）职业生涯规划的调整

规划有其严肃性，也有灵活性。因为影响规划的因素有些是不可预测的，要使职业生涯规划行之有效，就必须对生涯规划进行必要的调整。调整的依据是内、外条件的变化。

调整职业生涯规划，应依据以下步骤：量己力，衡外情，定目标，选策略，重实践，善反省，再出发。就初次走上社会的大学毕业生而言，职业生涯规划调整的最佳时期有两个：一是毕业前夕，有了求职的实践，根据求职过程对自身条件的检验，以及新的就职信息和供需情况，在求职过程中进行调整；二是工作3~5年时，有了从业的实践，根据从业过程和对自身条件的检验，根据环境和自身素质的变化，在职业转换过程中予以调整。两次调整，既可以是近期目标的调整，也可以是远期或职业生涯发展路线的调整。

职业生涯前五年的任务：或者调整自我，提升自我，适应职业，完成角色转换，在本行内站稳或晋升；或者在职业实践中发现规划与实践相差甚远，此时应重新审视自己、分析发展环境，在实事求是认识自己的基础上，修正发展目标或调换方向。

四、职业生涯规划训练

（一）训练目的

训练的目的即完成个人职业生涯规划。

（二）训练要求

按照职业生涯规划的相关知识，进行个人五年内的职业生涯规划。具体内容包括以下几点：

（1）对自己所学专业的介绍。

（2）对自己性格特征的分析。根据九型人格测试结果，分析自己的性格特征。

（3）对自己职业兴趣的分析。根据霍兰德职业倾向测验，分析自己的职业倾向。

（4）结合个人兴趣和所学专业，进行优势、劣势、机会、威胁（SWOT）分析。

（5）找出自己的职业发展方向和初步的五年内职业规划。

（三）训练过程

通过九型人格测试和霍兰德职业倾向测验等测评，进行个人性格特征和职业倾向分析，制定个人未来5年内的职业规划。应注意说明个人职业规划的意义、依据及对现有情况的评述；说明本规划所要解决的问题和采用的手段、方法。

（四）训练成果

完成职业生涯规划方案，并请指导老师进行单独辅导，针对个人职业发展中的问题进行答疑，对职业生涯规划方案中的问题进行指导。按照职业生涯规划方案，明确今后努力的方向和目标，并付诸行动。

第三节 职业适应

一、职业适应

也称工作适应，是指人在职业活动中，对工作提出各种问题时的一系列心理过程，包括个体对工作环境、工作任务、工作活动的适应，以及对自身行为和新的工作需要的适应。具体地说，就是人在工作生活环境中根据工作的性质和外在要求，对个体的身心系统进行评价，对职业行为进行自我调适，并努力达到自我与经验相互一致的心理过程。它包括人对工作环境和职业行为规范的同化与顺应，对职业工作价值和职业生活意义的评价，以及对自身工作能力、工作状态和工作压力的体验与认知。职业适应不是简单地在工作情境中的反应，而是个人心理发展水平的综合表现。

有专家研究认为，大学毕业生的职业适应期为3年。人们可以适应某一职业，但内心不一定认同这一职业，可能对其评价很低，甚至低于社会评价的一般水平。据调查，刚参加工作时，有70%多的大学毕业生认为自己"完全适应"或"基本适应"工作需要，有20%多的人认为"基本不适应"或"完全不适应"。两年以后，有96%的人认为已"完全适应"或"基本适应"所从事的工作。

二、职业适应的影响因素

(一) 职业期望

目前,大学毕业生的职业理想在很大程度上受到利益取向的制约,这种趋势首先和大学生在市场经济条件下的逐步世俗化有关,是我国社会主义市场经济发展的反映,是社会进步的表现。大多数的大学生经过了十几年的寒窗苦读,急欲显露自己的才华,以期待能更好地回报家人和社会,因而他们对未来的职业有很高的期望。

(二) 职业心态

很多大学生在职业生活中已摈弃了抱"铁饭碗"的观念,而开始转向对实现自身价值的追求,希望专业对口,在事业上有所作为。多方面考虑职业发展影响因素,这是职业心态务实化的一个表现。大学生在择业时既想追求精神上的满足感和事业上的成就感,又希望在物质上有足够的保障,表明了大学生涉世之初的不自信和隐隐的担忧。

(三) 职业待遇

随着社会的进步,大学生比较看重经济待遇,关注生存条件,这成为相当一部分大学生职业适应的关键因素。因为他们刚毕业,在物质上几乎一无所有,一旦进入社会就面临着一个生存的问题,生存问题解决之后,才谈得上发展。现在社会是开放的社会、流动的社会,大学生对将来进入社会后的流动性考虑必不可少,而较高的经济水平既是职业流动间歇的物质保障,又是向高一层职业流动的筹码。

(四) 人际关系

美国成功学专家卡耐基曾说过,人的成功85%取决于人际关系。这种评论或许过高评价了人际关系的作用,但在强调团队精神的今天,和谐的人际环境对职业适应举足轻重。有些大学毕业生虽然能力很强,但因为与领导、同事相处不好而陷入困境,影响了对职业的顺利适应。

（五）其他因素

求职者的性格、就业准备程度也对职业适应产生影响。性格外向，适应越快，越有助于个人在受挫折时能积极调整好心态，从逆境中奋起，再创辉煌。就业准备越充分，在同等条件下，找到的工作越好。大学期间从事的社会实践活动、兴趣爱好、工作单位领导的作风、工作效率等职业要素，也影响着大学毕业生的职业适应。

三、角色转换

大学生完成学业离开学校，走向社会，走上新的工作岗位，这无疑是人生的一大转折。走向社会的大学生面临的第一个问题就是如何尽快适应社会，实现从学校到社会、从理论到实践的飞跃。实践表明，由学生到社会职业角色转换比较快的人，容易更早地获得单位的认可，更快地寻找到新的起点，也就更容易享受到事业成功和生活幸福的喜悦。因此，高校毕业生应正确面对社会，正确处理工作与人际关系上的诸多矛盾，克服各种心理障碍，培养良好的适应能力，尽快适应环境，迈出成功的第一步。

（一）社会角色的概念

社会角色是指由人们所处的特定社会地位和身份所决定的一整套规范要求和行为模式，是人们对具有特定地位人的行为的一种期望，是社会群体的基础，它随着社会实践的发展而不断更新内容。社会角色确定了社会对个人权利义务的要求，每一个社会角色都有特定的社会行为准则，以揭示每个人在社会中的地位和在人际关系中的位置。社会角色是人的个体社会关系的动态概述。每一个社会角色都为自身赋予了一定的社会功能，社会角色的功能，是一定的角色通过履行角色义务来实现的。为了履行角色义务，角色扮演者必须具有一定的权利，按照社会规定的行为规范来行动。

（二）社会角色的要素与特性

角色义务、角色权利和角色规范，构成了社会角色系统结构中的基本因素，即社会角色要素。对个人来说，其社会角色不是单一的。人们总是同时担任着各种不同的角色。这些角色使个体在不同时间、不同场合、不同环境占据不同的社会位置，履行不同的社会义务，遵循不同的社会规范。当然，在集于一身的多种角色中，有一个角色最能反映一个人的社会特性，在社会活动中主要以此角色与他人产生交往与互助，并由此参与社会生活。比如，一个大学生，在学校里对于教师而言是学生，在家里对父母来讲是子女，在社会上对于商店来说是顾客。但是，由于客观主体的主要任务是读书学习，因此他在社会中扮演的主要角色便是学生。

(三) 大学生角色与职业角色的区别

所谓角色转换，是指个体在社会关系中的动态描述。个体在社会中所扮演的主要角色并不是固定不变的，往往会发生多次的角色转换。人的社会关系或职业生涯不断变化，人的主要角色也随之变化，从一个角色进入另一个角色。角色转换的根本变化是社会权利和义务的变化。

大学生角色与职业角色的根本不同在于社会责任不同、社会权利不同、社会规范不同。

(1) 社会责任不同。社会角色的角色义务就是角色的社会责任。角色责任的形成一般来说有两种方式：一种是自然的约定俗成，比如家庭角色的尊老扶幼，学校角色的尊师爱生等；另一种是通过行政方式，比如通过法律、法规、制度、纪律等来确定的，如学校的大学生守则、职业中的岗位责任制等。

学生角色的主要责任是努力学习知识，使"德、智、体、美、劳"全面发展，掌握为社会服务的本领，整个学生角色过程是一个受教育、储备知识、锻炼能力的过程。而职业角色的责任，是以特定的身份去履行自己的职责，依靠自己的本领或技能去创造社会效益和经济效益的过程。两种责任的履行所产生的后果也是有区别的：学生角色责任履行得如何，主要关系到本人知识掌握的多少和能力培养的程度；而职业责任履行得如何，则影响较大,因为人们在评判职业角色时总是要和工作单位紧密相连的,总是将其作为身负责任的工作人员来看待的。职业角色要求角色能独当一面,并与同事密切合作,充分履行职业责任。

(2) 社会权利不同。社会赋予角色的权利,就是角色履行义务时依法应有的支配权力和应享受的权益总称,或应取得的精神或物质报酬。学生角色的权利主要是接受教育,并取得经济生活的保证或资助,大学生在学分制条件下有选课和选择任课教师的权利;职业角色则是依法行使职权开展工作,并在履行义务的同时取得报酬。

角色权利在执行支配能力时有其相对稳定的确定性和限定性。确定性是因为个人的职位是相对稳定的,当发生了职业变动后,义务才相应发生变化;对于限定性来说,既然是权利,就不是无限的,它只能在一定的范围内去实施支配力。角色权利是在履行角色义务后应当取得的物质和精神报酬,如工资、奖金以及其他福利待遇和精神鼓励,它具有直接性和明确性的特点。对其直接性来说,角色权益可以由角色扮演者直接获得,直接用于满足个体的物质和精神需要及发展需要,例如,大学生所获得的知识和文凭是为了满足求职需要;对其明确性来说,是指角色权利都具有明确的和具体的规定。

(3) 社会规范不同。角色规范是对角色扮演者的行为规定。角色规范有两种来源:一种是明文规定的角色行为规则;另一种是社会发展和演化中所形成的约定俗成的行为模式。社会赋予职业角色的规范和行为模式,因职业的不同而不同。这些模式既具体又严格,违背了就要承担一定的责任,甚至法律责任。比如,学生规范多是从培养、教育的角度出发,促使其顺利成长为合格的人才,如学校制定有明确的规章制度,社会对处于成长时期的学生也有一些约定俗成的要求,包括怎样待人接物、怎样做人等。再比如国家工作人员,必须严于律己、克己奉公,渎职、玩忽职守、收受贿赂就要受到纪律甚至法律的处罚。

总之，学生角色与职业角色不同点在于：一个是受教育，通过学习掌握本领，接受经济供给和资助，逐步完善自己；一个是用掌握的本领，通过具体工作为社会付出，具有一定的权利和义务，以自己的行为承担社会责任。

四、角色转变的过程

（一）角色转换的起步

大学生圆满完成学业，进入社会的某个单位后，准备开始工作。从这一时刻起，学生时代就画上了句号，学生角色也随之终结，也就是说，从这一时刻起，他们具有了新的角色。大学生毕业前夕，开始总结自己的大学生活，收集社会人才需求信息，进行就业准备。从此时起就开始孕育角色转换的发生。通过学校推荐、人才市场的角逐、学生与用人单位的洽谈和相互选择，最后与用人单位达成协议；再经过一系列的审批，学生持报到证到工作单位报到，这时角色转换正式开始。

（二）新角色的时期

从大学毕业生进入一家单位的第一天起，就开始了在这家单位的"试用期"。有单位用见习期代替试用期。根据相关规定，用人单位招收应届毕业生后，原则上都要安排见习，大专、本科见习期为一年，研究生没有见习期。对入学前已从事一年以上相关专业实际工作的，经所在单位批准，可免去见习期。见习期满如果合格，则为该职工办理转正手续，为其评定专业职称、聘任相应职务、确定工作岗位。由于许多毕业生搞不清楚试用期和见习期的区别，有些用人单位就故意用见习期代替试用期，以此来变相延长试用期的期限。其实，试用期和见习期是两个完全不同的概念。见习期是国家根据有关规定对新录用的大中专、技校毕业生执行的至少一年的见习考察期限；试用期是劳动合同的约定条款，是指用人单位和毕业生在建立劳动关系后为相互了解、选择而约定的考察期限。

(三)试用期的考核

对于大学生的职业生涯而言,试用期是一个起步的过程,也是一个打基础的过程,不仅影响个人在这家单位的职业发展定向,甚至也影响着大学生今后的职业生涯。

试用期中要对学生进行考核。试用期考核与试用期同时开始。试用期考核其实仍是整个招聘录用的再确认过程。也就是说,虽然录用了试用者,但并不是从录用的那一刻起就认定试用者是完全符合岗位要求的,而是要通过试用期考核进行再确认,只有通过了试用期考核,才最终证明是符合录用条件的。

试用期考核的方式是多种多样的,用人单位可能会为进入试用期的劳动者设定指导带教人,安排试用期工作计划,进行试用期的新员工培训,并通过有组织的笔试或日常绩效评估等方式对试用期的劳动者进行考核。考核的结果可以用明确计分的方式来体现,也可以由新员工指导人的评估及所在部门的绩效评估来体现,或由新员工的内部和外部各类人员的综合评价与反馈体现。最终的考核成绩,可以是一个简单的分数,可以是一个复杂的综合考核结果,也可以只是上级或指导人的一句评语。无论何种形式,试用期考核都是一个严肃的评估过程。试用期虽然为企业和个人双方都提供了了解与磨合的机会,但企业显然在其中占据着主动地位。毕业生正式进入职业岗位后,职能部门和人力资源部门便开始对新人的工作进行考核。

五、职业能力测试

以下是一些关于职业能力和职业道德的测试题目,请从下列问题的答案中选择一个你最赞同或者最可能采取的做法。注意只选择一个答案。

1. 下列哪一项是忠诚于企业的表现( )。

A. 按领导的意思办事　　B. 敢于对领导提出批评

C. 严格遵守企业的规章制度　　D. 要大胆地批评领导

2. 当你开车在路上行驶时，有行人横过马路，你会（　　）。

A. 骂他几句　　　　　　　　B. 减速，礼让行人

C. 减速，有些恼火　　　　　D. 加速，吓唬吓唬他

3. 你认为自己（　　）。

A. 工作没劲头　　　　　　　B. 工作劲头一般

C. 工作劲头有限　　　　　　D. 工作劲头十足

4. 每当工作遇到困难的时候，我会（　　）。

A. 惴惴不安　　　　　　　　B. 勉励自己努力

C. 听之任之　　　　　　　　D. 得过且过

5. 某单位年终要进行先进工作者评选，采取匿名投票方法。如果你是该单位职工，在下列投票行为中，你会（　　）。

A. 认为谁也不符合条件，弃权

B. 认为自己也够条件，投自己一票

C. 把票投给自己认为最符合条件的人员

D. 谁为人好，就投谁的票

6. 你的同事在工作中取得突出成绩时，你会（　　）。

A. 认为他运气好

B. 各有专长，继续做好自己的工作

C. 认为他太聪明了，自己可望而不可即

D. 虚心请教，努力学习

7. 我之所以在目前这个单位工作，是因为这个单位（　　）。

A. 工资待遇还可以　　　　　B. 离家比较近

C. 同事们比较有爱心　　　　D. 既来之，则安之

8. 你认为自己的同事对你的态度是（　　）。

A. 不喜欢　　　　　　　　　B. 并非不喜欢，只是不特别友好

C. 喜欢，但很一般　　　　　D. 非常喜欢你

9. 如果你的一位同事与你在工作中产生了矛盾，两人的关系也因此疏远起来，并在一定程度上影响了工作上的合作。对这件事的解决，你会（　　）。

A. 请你们两人信任的同事从中斡旋，友好地化解矛盾

B. 把矛盾告诉领导，由领导来解决

C. 等他主动来找自己解决矛盾

D. 自己主动找他，化解矛盾

10. 小王是你的同事，如果你发现他利用工作时间偶尔干点私活，你会怎么做（　　）。

A. 就当没看见　　　　　　　B. 提醒他注意

C. 直接向领导反映　　　　　D. 觉得这是正常现象

11. 如果同事小张无意中提到有人在背后说你拍领导马屁，你最有可能的反应是（　　）。

A. 要小张告诉自己是谁说的

B. 别人爱怎么说怎么说

C. 私下打听是谁说的

D. 反思自己的行为是否引起了别人的误会

12. 有些单位会偶尔利用一定的业余时间让员工义务为社区做一些事情，例如打扫卫生、植树等，你认为这种做法（　　）。

A. 不可取，占用了员工休息时间，不人性

B. 不可取，工作效率不会很高

C. 有可取之处，可以增加员工的归属感

D. 有可取之处，锻炼了员工的身体

13. 如果有人在你面前诽谤你的朋友或你所尊敬的人，你的反应是（　　）。

A. 无所谓，不予理睬

B. 心里有些不满，但是没有表现出来

C. 有点愤怒，并替朋友或所尊敬的人申辩

D. 非常愤怒，并警告这个人不要诽谤他人

14. 当听到几位同事在谈论小李的隐私时，你认为下列哪种做法更合适？（　　）

A. 与他们一道谈论　　　　　B. 劝同事不要再谈

C. 悄悄告诉小李　　　　　　D. 在一旁静静地听

15. 你觉得以前上学时用过的书，最好的处理方式是（　　）。

A. 当作二手书卖给需要它们的人

B. 当作废品卖钱，以便购买新书

C. 送给别人，让它们发挥余热

D. 留起来，将来想看的时候还可以翻翻

16. 当遇到挫折时，你通常（　　）。

A. 会发泄出来，不管身处什么地方

B. 有时因为不便发泄，所以只好暂时抑制

C. 不随便发泄出来，除非被别人激怒

D. 自己调节，别迁怒他人

17. 在工作过程中，你常有（　　）。

A. 自我陶醉的感觉　　　　　B. 轻松自如的感觉

C. 身心疲惫的感觉　　　　　D. 精疲力竭的感觉

18. 上班的路上，当你碰到一个生病老人时（　　）。

A. 加快脚步走开　　　　　　B. 赶紧上前帮助

C. 当作事情没发生　　　　　D. 没什么感觉

19. 一个朋友正在倾诉他的心事，我会（　　）。

A. 真切体会出她的感受并安慰她

B. 不时发表自己的见解

C. 对他（她）表示赞同，用眼神支持他讲下去

D. 耐着性子倾听

20. 当有人向自己提出意见或进行批评时，你一般会（ ）。

A. 反驳　　　　　　　　　　B. 解释、说明

C. 不予理会　　　　　　　　D. 耐心倾听

根据选择结果参考表 2-10 得分标准，计算自己的总分，注意每个题目中的不同选项得分不同。和身边的人就个人得分及每道题目的得分进行讨论分析。

表 2-10

1 题. A: 0.3, B: 1, C: 0.7, D: 0.2	2 题. A: 0.3, B: 0.5, C: 0.3, D: 1
3 题. A: 0.4, B: 0.4, C: 1, D: 0.6	4 题. A: 0.1, B: 0.6, C: 0.5, D: 1
5 题. A: 0, B: 1, C: 0, D: 0.5	6 题. A: 0.6, B: 0.3, C: 1, D: 0.8
7 题. A: 0, B: 0.5, C: 0.8, D: 1	8 题. A: 0.5, B: 1, C: 0.4, D: 0.4
9 题. A: 0, B: 1, C: 0, D: -0.1	10 题. A: 0, B: 0.3, C: 1, D: 0
11 题. A: 0, B: 1, C: 0.5, D: 0	12 题. A: 0, B: 0.3, C: 0.5, D: 1
13 题. A: 0.3, B: 1, C: 0.5, D: 0	14 题. A: 0, B: 0.4, C: 1, D: 0.4
15 题. A: 0, B: 0.5, C: 0.3, D: 1	16 题. A: 0.8, B: 0.8, C: 1, D: 0.5
17 题. A: 0, B: 0.3, C: 1, D: 1	18 题. A: 0.4, B: 0, C: 1, D: 1
19 题. A: 1, B: 0.2, C: 0.6, D: 0	20 题. A: 0.3, B: 0.8, C: 0, D: 1

本章小结

在"大众创业"氛围的引导下，大学毕业生择业观发生了较大转变，创业正成为他们的就业新选择。创业与就业有密切的关系，创业能够带动就业，就业的本质是岗位创业，创业和就业都是个体在某个阶段的状态。

职业是人们从事的相对稳定的、有收入的、专门类别的工作。按照不同的分类标准可以将职业分成不同的类型。职业生涯就是一个人的终身职

业经历。职业生涯是一个漫长的过程，不仅包括过去、现在和未来那些可以实际观察到的职业发展过程，而且还包括个人对职业生涯发展的见解和期望。职业生涯规划是在职业素质测评和职业环境分析的基础上，确定职业目标并规划职业路径，通过不断的职业调整实现职业理想。

职业适应是人在工作生活环境中根据职业工作的性质和外在要求，对自己的身心系统进行评价，对职业行为进行自我调适，并努力达到自我与经验相互一致的心理过程。

第三章
创新思维与能力

知识目标：
1. 掌握创新思维的概念和常见的创新思维方式。
2. 学习和掌握创新的方法与技巧。

能力目标：
1. 了解并进行创新测试。
2. 培养创新能力。

第一节 创新思维

一、创新思维的概念

恩格斯曾经说过"思维者的精神是地球上最美的花朵"。要理解和培养创新思维，首先要认识什么是思维、什么是创新思维。

（一）思维

通俗地说，思维是为了完成某项任务而进行的大脑活动，也就是说思维就是思考、思索。"思"是"想"的意思，"维"是"秩序"和"维度"的意思。因此思维就是大脑为了解决某个问题而进行不同维度、有秩序的思考。而这些不同的维度和秩序就是通常所说的思维方式。

对于同一个问题，因为思维方式不同，得到的看法和结论也不同。所谓"仁者见仁，智者见智"，也就是说不同的人从不同的维度出发去思考问题，最终得出了不同的结论。当然，如果只从一个维度去分析问题，得到的结果和解决问题的方案也很少。而从不同的维度去思考问题，得到的答案会更丰富，维度本身的增加也可以帮助我们更好地认识事物本身。在对事物认知的过程中，思维方式起着至关重要的作用，正确的思维方式可以帮助人们更快地接近真相，更全面地认知事物。

思维由三个因素构成：智力、知识和才能。在这三个因素中，智力是基础，有了这个基础，通过学习就可以掌握一定的知识，而将这些知识和经验用于实践就能培养才能。

(1) 智力。智力受先天基因和后天教育的影响。先天的基因即天赋对智力有很大的影响，但是后天的成长环境对智力的高低起着更关键的作用，幼年时期的学习和教育环境对个体的智力发展至关重要。智力通常具体表现为观察力、注意力和记忆力。

(2) 知识。知识主要包括科学文化和社会认知，通常是通过学习和社会实践而形成的。因此学习行为和社会经历对人的知识影响较大。知识通常表现为科学知识和社会经验。

(3) 才能。才能使人们能有达到某种目的的心理能量，才能可能是先天遗传的，也可能是后天习得的。一些特殊才能，例如音乐、绘画或舞蹈可能与人的遗传天赋有关；而另一些一般才能则是"唯手熟耳"，与后天教育或反复练习有关。

总之，思维是一种能力，是先天遗传与后天学习和教育相结合的综合能力。不同个体的思维能力是不一样的，人们外在表现的差异其实是思维能力和思维方式的差异。

(二) 创新思维

创新思维也称为"创造性思维",是指有创造性地发现或发明一种新方法用以分析、处理某件事情或表述某种事物的思维过程。创新思维与创造性活动相联系,是以新颖独特的思维活动去解释客观事物本质及内在的联系,并指引人们去获得对问题的新解释,最终产生前所未有的思维成果。创新思维是相对于常规思维而言的。

创新思维并不都是伟大的发明和创造,也不是天才专有的神秘天赋。创新思维是每个正常人都拥有的思维方式。当一个人选择与以往不同的思维方式去思考问题时,对他来说就是创新思维。创新思维具有下列特点。

(1) 独创性。这是创新思维的基本特点。创新思维是新颖独特的思维过程,它打破传统和习惯,不按部就班,解放思想,向陈规戒律挑战,对常规事物怀疑,否定原有的规定,锐意改革,勇于创新。在创新思维过程中,人的思维积极活跃,能从与众不同的新角度提出问题,探索开拓别人没认识或者没完全认识的新领域,以独到的见解分析问题,用新的途径、方法解决问题,善于提出新的假说,善于想象出新的形象,能在思维过程中独辟蹊径,标新立异,革新首创。

(2) 求异性。创新思维不受固有思维的限制,往往异想天开,追求出奇制胜。它要求关注客观事物的不同性与特殊性,关注现象与本质、形式与内容的不一致性。因此创新思维方式标新立异,敢于打破固有思想的禁锢,在思维过程中敢于自我否定,追求自我超越。

(3) 综合性。创新性思维不孤立地看待问题,它着眼于局部与整体、直接与间接、简易与复杂的关系,在诸多的信息中进行概括、整理,把抽象的内容具体化,把复杂的内容简单化,从中寻找和把握事物的本质和规律,提炼出较系统的经验。当然,创新思维也不是把事物各个部分、侧面和属性的认识随意地、主观地拼凑在一起或者机械地相加,而是按它们内在的、必然的、本质的联系把整个事物在思维中再现出来的一种综合性思维方法。

二、常见的创新思维方式

(一) 联想思维

联想思维是以事物之间普遍存在的联系为基础，寻求创新的思维过程。联想思维可以利用已有的经验创新，例如常说的由此及彼、举一反三、触类旁通，也可以利用别人的发明或创造进行创新。联想是创新思考时经常使用的方法，也比较容易见到成效。事物之间普遍存在一定的联系，这是能够采用联想方法的客观基础，而在创新思考中有意识地主动使用则是有效利用联想的重要前提。联想思维的最主要方法是积极寻找事物之间的关系。

(二) 发散思维

发散思维也称扩散思维、放射思维或辐射思维。发散思维是指大脑在思维时呈现的一种扩散状态的思维模式，它表现为思维视野广阔，思维呈现出多维发散状，如"一题多解""一物多用"等。心理学家认为发散思维是创造性思维的最主要特点，是测定创造力的主要标志之一。发散性思维能够产生众多的可供选择的方案、办法及建议，能提出一些独出心裁、出乎意料的见解，能使一些似乎无法解决的问题迎刃而解。

(1) 平面思维。平面思维是从点出发，寻求面的思维方式，是以构思二维平面图形为特点的发散思维形式。通常把我们遇到的问题看作一个点，在分析和解决问题时，把问题看作原点，向四周发散思维，形成从点到线、从线到面的思维模式，最终从线或面上寻求解决办法。

(2) 立体思维。立体思维是在思考问题时跳出点、线、面的限制，从上下左右、四面八方去思考问题，是一种空间思维方式或者叫多维型思维方式。例如，运用立体思维构建立体森林：高大乔木下种灌木、灌木下种草、草下种食用菌等。

（三）逆向思维

逆向思维也叫反向思维，是对人们司空见惯的似乎已成定论的事物或观点反过来思考的一种思维方式。逆向思维通常会悖逆传统的思考方法，反其道而思之，从问题的相反面深入地进行探索，从相反方向思考问题，树立新思想，创立新形象。

人们往往习惯于沿着事物发展的正方向去思考问题并寻求解决办法。实际上对于某些问题，尤其是一些特殊问题，从结论往回推，倒过来思考，从求解回到已知条件，反过来想或许会使问题简单化。逆向思维是从事物依存的条件、事物发展的过程、事物的位置、事物的结果等出发逆向思考。

（1）反转型逆向思维。反转型逆向思维是指从已知事物的原理、功能、属性和方向的相反方向进行思考，产生新思维的方法。例如，吸尘器的发明，就是利用逆向思维，传统的扫帚是把灰尘赶跑，而吸尘器则是把灰尘吸掉；无烟锅把热源安装到锅上面，就成功解决了煎炸食物时候的油烟问题。这就是利用逆向思维，对结构进行反转型思考的产物。

（2）转换型逆向思维。转换型逆向思维是在遇到某一问题的时候，或者解决问题的手段受阻时，转换成另一种思维方式和手段，换个角度思考问题，以使问题顺利解决的思维方法。商场中很多企业在和竞争者竞争的过程中，当竞争相持不下时，会考虑以双方合作的方式解决问题，这就是转换型逆向思维法。

（3）缺点型逆向思维。缺点型逆向思维是一种利用事物的缺点，将缺点变为可利用之处，化被动为主动，化不利为有利的创新思维。这种思维方式承认事物的缺点，在解决问题时并不以隐瞒事物的缺点为目的，而是将缺点化弊为利，找到解决或利用的途径。例如，某钟表厂说他们的表不够准每两天会有1秒的误差，这个宣传不但没有使该厂失去顾客，反而受到广大顾客的认可，纷纷购买。这就是缺点逆向思维法的应用。

(四) 聚合思维

聚合思维也叫收敛思维或集中思维，它是以某个事物为中心，尽可能运用已有的经验和知识，将各种信息进行重新组织，从不同方面和角度将思维集中指向中心点，从而达到解决问题的目的。聚合思维是一种抽象思维方法，它的特点是使思维条理化、简明化、逻辑化和规律化。聚合思维是寻找最佳解决方案的过程。

(1) 聚焦法。聚焦法就是在分析和解决问题时，围绕问题进行反复思考，甚至停顿下来，使原有的思维浓缩、聚拢，形成思维的纵向深度和强大的穿透力，在解决问题的特定方向上思考，积累一定量的努力，以达到质的飞跃，最终顺利解决问题。

(2) 求同思维法。求同思维法是一种归纳方法，当一个问题或一种现象在不同的场合反复发生，而各场合中只有一个条件是相同的，那么就可以确定这个条件是这种现象的原因，寻找这个条件的思维方法就叫求同思维法。

(3) 求异思维法。求异思维法是一种对比方法，如果某个问题或者现象在第一场合出现，第二场合不出现，而这两个场合中只有一个条件不同，则可以判断这个条件就是现象的原因。对比并寻找这个条件的思维方法就是求异思维法。

(4) 目标确定法。目标确定法要求在解决问题的时候，首先要正确地确定目标，进而通过认真的观察做出判断，找出其中关键的现象，围绕目标进行收敛思维。在解决问题的过程中，确定的目标越具体越有效，不要确定那些各方面条件尚不具备的目标。可以先确定小的、近期的目标，然后再逐渐扩大。

(五) 灵感思维

灵感思维是人们借助直觉启示猝然迸发出的一种领悟或者理解的思维方式，是人们经过长时间的思索无法解决问题的时候，突然受到某一事物的启发而产生的豁然开朗、茅塞顿开、出奇制胜的想法。灵感不是逻辑思维，也不是形象思维，它具有随机性和偶然性，正所谓"有心栽花花不开，无心插柳柳成荫"。通常灵感是可遇而不可求的，截至目前人们还没有找到有效控制灵感产生的方法。

"灵感只青睐于有准备的人"。寻找灵感的方法有观察分析法、启发联想法、实践激发法、激情冲动法、判断推理法等。在实践中应勤于思考、多收集信息、多积累经验、多储备知识，不断开发大脑潜能，就能激发和产生灵感。

三、创造力测试

（一）创造力测试

请在符合你个人情况的选项后打"√"，不符合的选项后打"×"。

（1）听别人说话时，我总能专心倾听。
（2）完成了上级布置的某项工作时，我总有一种兴奋感。
（3）我观察事物向来很精细。
（4）我在说话及写文章时经常会采用类比的方法。
（5）我能全神贯注地读书、书写或绘画。
（6）我从来不迷信权威。
（7）我对事物的各种原因喜欢寻根问底。
（8）我平常喜欢学习或琢磨问题。
（9）我经常思考事物的新答案和新结果。
（10）我能够经常从别人的谈话中发现问题。
（11）我从事带有创造性的工作时，经常忘记时间。
（12）我能够主动发现问题以及和问题有关的各种联系。
（13）我总是对周围的事物保持好奇心。
（14）我经常能够预测事情的结果，并正确地验证这一结果。

(15) 我总是有些新设想在脑子里涌现。

(16) 我有很敏感的观察力和提出问题的能力。

(17) 我在遇到困难和挫折时，从不气馁。

(18) 在工作上遇到困难时，我经常能采用自己独特的方法去解决。

(19) 在问题解决过程中找到新发现时，我总是感到十分兴奋。

(20) 遇到问题，我能够从多种途径去探索解决它的可能性。

评价标准：得到 20 个"√"的测试者创造能力非常强，是个极具创造力的人；13~19 个"√"的测试者具有良好的创造能力；10~12 个"√"的测试者创造力一般，应设法提升；10 个以下"√"的测试者创造力较差，亟待提升。

（二）工作创意测试

请用"是"、"不确定"或"否"回答下列问题。

(1) 接到任务时，你是否会问一大堆关于如何完成任务的问题？

(2) 在完成任务的过程中，是否不善于思考，而习惯找人帮忙，或者不断地问别人有关完成任务的问题？

(3) 在任务完成得不好时，你是否会找一大推理由来证明任务太难？

(4) 对待多数人认为很难的任务，你是否有勇气和信心主动承担？

(5) 当别人说不可能时，你是否就会放弃？

(6) 你完成任务的方法是否与他人不一样？

(7) 在你完成任务时，领导问一些关于任务的相关信息，你是否总能回答上来？

(8) 你是否能够立即行动，并且工作质量总能让领导满意？

(9) 工作完成得好不好，你是否很在意？

(10) 对于已经完成的工作，你能否很有条理地分析成功的原因和不足之处？

评价标准：各题目选择"是"、"否"和"不确定"的得分如表3-1所示。

表3-1

题号	1	2	3	4	5	6	7	8	9	10
是	-1	0	0	4	-1	3	2	0	0	0
不确定	0	1	1	0	0	0	1	1	1	1
否	2	4	2	-2	2	-1	0	2	3	2

得分在9分以上表示测试者在工作中具有非常强的创新创意能力；得分在7~9分的测试者这方面的能力尚可，可以有意识地提升；如果得分低于5分，表明测试者的创新创意能力非常欠缺，需要花大力气去学习和提升。

四、创新思维训练

(一) 发散思维训练

学生每4~5人组成一个小组，从下列物品中选择一种进行发散思维，尽可能多地写出它们的用途，在写完之后进行组内成员的讨论和交流。

物品名称：鞋带、乒乓球、钥匙、A4纸、手机、筷子……

(二) 收敛思维训练

请完成以下任务，并在完成任务后进行讨论。

(1) 请说出在场的所有人有什么共同点，越多越好。

(2) 请列举家中既发光又发热的东西，找出它们的共同点。

(3) 请写出海水与江水的共同之处，越多越好。

(4) 请列举鸽子、蝴蝶、蜜蜂与苍蝇的相同之处。

(5) 请列举铜、铁、铝、锌、锡等金属的共同属性。

第二节　创新方法

一、创新方法

（一）联想类比法

联想类比法是指通过对已知事物的认知而联想到未知事物，并从已知事物的属性去推测未知事物也有类似属性的方法。例如，A 与 B 两个事物，A 具有 a、b、c 三个属性，B 有 a、b 两个属性，通过联想类比，可推断 B 或许也有与 A 类似的属性 c。表面看起来动物和机器是毫不相干的，但是维纳的《控制论》有个副标题叫作《关于在动物和机器中控制和通信的科学》，可见二者之间还是有联系的。

联想类比法是联想思维的体现。联想类比法包括以下几种类型。

（1）因果联想。因果联想是一种从已知事物的因果关系同未知对象的因果关系的某些相似之处，来寻求未知事物的思维方法。比如，鸟类飞行距离是与其翼长有关的，信天翁这种鸟，双翼展开可达 4 米，可连续飞行数小时而无须扇动翅膀，由此人类发明了远距离飞行的飞机。

（2）相近联想。相近联想即以时间或空间上的相近关系为线索，由一事物联想到另一事物，以建立新形象的创意方法。比如，由梅花想到雪景，由秋天想到收割的景象……科学家研究分子、原子、质子、中子、强子等，都是利用由此及彼的相近联想。

（3）拟人联想。拟人联想是将思考对象同人类的活动进行类比而产生创意的方法，赋予非生命的具体物件以人的生命、思维和想象。例如，商业广告中经常赋予商品以生命，让商品会说话、会交流，具备人的特征和能力。

（4）结构联想法。结构联想是指由未知事物与已知事物在结构上的某些相似点，而推断未知事物也具有某种属性的思维方法。比如，把经济运行结构与城市交通运行结构进行类比，就可以由红绿黄指示灯对车辆的管理推及国家宏观调控对市场运作的控制。

（5）超级无序联想法。超级无序联想法是打破所有的物质或事物的时间、空间和功能的顺序，通过大脑的联想、假设，把任意事物的任何元素相结合的思维方法。简单地说，就是把相似性、接近性、比较性、关联性等特性的某一种联系连接起来，甚至是把那些看似风马牛不相及的事物，通过联想将它们进行结合，使它们联系起来，从而得出无穷创意。例如服装设计，对服装款式的"创意"，可以用超级无序联想法：复古类服装、动物类服装、植物类服装、建筑类服装……

（二）移植模仿法

移植模仿法是指将某一领域的原理、方法、技术或构思移植或模仿到另一领域而形成新事物的方法。它是人们思维领域的一种嫁接现象。移植模仿法包括如下几种类型。

（1）原理性移植模仿。原理性移植模仿是指把思维原理、科学原理、技术原理、艺术原理移植或模仿到某一新领域的方法。如：维纳（Wiener N.）把反馈原理应用于电子线路中，形成了系统的控制论；把价值工程应用于市场营销实践，便形成了营销的价值分析法；把社会化大生产原理应用于改造传统零售业，就创造了连锁经营的形式等。

（2）方法性移植模仿。方法性移植模仿是指把某一领域的技术方法有意识地移植或模仿到另一领域的方法。例如：模糊数学的产生便是数学家把经典数学统计理论的研究方法移植到对模糊现象的研究之中的结果；文艺界中各种戏剧的相互移植和模仿更为常见，如意大利歌剧《图兰朵》被移植成中国川剧《中国公主杜兰朵》等。

（3）功用性移植模仿。功用性移植模仿是指把某一种技术或艺术所具有的独特功能以某种形式移植或模仿到另一个领域的方法。例如：将电视机的音像功能移植到计算机领域；戏剧舞台常常采用电影蒙太奇的组接，立体地进行时空转换；电影导演设计画面往往移植油画的凝重或国画的写意功能等。

（4）结构性移植模仿。结构性移植模仿是指把某一事物或领域的独特结构移植或模仿到另一事物或领域上，并形成具有独特结构的创新方法。例如：蜂窝是一种费料少但强度高的结构，把这一结构用于制砖，做成的蜂窝砖既能减轻墙体的重量，又能保暖、隔音；把诗歌体裁的韵律结构用于理念识别系统，能使企业理念产生音韵美。

（三）组合法

组合法就是指将多种因素通过建立某种关系组合在一起，从而形成组合优势的创新方法。例如：计算机辅助设计系统是把工程绘图技术、几何造型技术、有限元计算方法及仿真技术组合在一起的结果；市场营销学是经营哲学、数学、经济学、行为学、社会学等众多学科元素组合而成的新兴学科。

组合的基本前提是各组成要素必须能建立某种关系而成为整体。没有规则约束即为堆砌，有了规则约束才会形成新的事物。组合法主要有如下几种类型。

（1）算术组合法。算术组合法，又称为简单相加法，它是先确定一个思考点作为主体（即被相加物），然后再寻找若干事物与其分别相加，就会产生组合性创新。例如，台灯作为思考点或主体，它可以与导弹、荷花以及时钟等相加组合，形成导弹形台灯、荷花形台灯、时钟形台灯等创新。这种方法很简单，也比较适用。这种方法可以简化为：创新 = 1 + x。其中，"1"是思考主体，"x"可以是任何东西，思考主体"1"不变，随着相加物的变动，就会形成新的创新。

这种创新方法的应用十分广泛。例如：在产品创新上，连裤袜就是裤子与袜子的新组合，收录机就是收音机与录音机的新组合，坦克就是汽车与大炮的新组合；在技术创新上，将超声波与各种旧方法组合起来，立刻产生超声波切割法、超声波洗涤法、超声波研磨法等新的技术创新。

（2）定向组合法。定向组合法，指根据特定的方向或对象进行多项组合的创新方法。这种组合可以是事物的形状组合、形象组合、特点组合、属性组合、功能组合，也可以是以方法、目标为对象的组合。客观事物组合的方向可以是多种多样的，即是多向性的，但有的时候只需要或只能从某一特定方向去思考组合。

这种组合在特定方向上可以是事物之间的相互组合，因而它不同于简单相加组合法，它实际上是某类事物或某类创新的多项组合法。例如，要运用定向组合法使时钟产品具有多种功能，就可将时钟与日历、照明灯、文具用品等组合。

（3）相关组合法。相关组合法，是指将具有某些相关性的事物加以组合而产生创新的方法。客观世界的万事万物都是有关联的，这种关联会构成无限多样的相关链条，是一种永无止境、永不休止的有序相关，是无法穷尽的。然而我们只能在一定的时间思考一定的问题或者进行一定的创新，也就是说，只能在一定时空范围内对一定序列上的相关组合进行创新。在具体思考问题时，就是把思考对象按照思考目标或思考要求分解成若干方面，然后按照有序相关性向四周进行依次的相关组合思考，这样就可能在一定的相关序列上产生好创新。

例如，要寻找某项产品的销售方法和途径，在进行创新时就要分析与产品销售相关的产品和市场的方方面面。与市场相关的，可能是产品价格、产品竞争、产品需求、产品促销、消费者需求、市场供求等方面；与产品本身相关的，则可能是产品质量、产品形状、产品包装、产品商标等方面。把这些相关性进行组合就可能产生解决问题的若干创新，并且可以进行多次相关组合，直到得出合适的创新为止。

二、创新技巧

（一）颠覆常识

更好的创新需要颠覆常识。常识是众所周知的、约定俗成的日常知识，或者人们本能的学习和判断。常识在日常生活中具有非常重要的作用，但是常识不利于创新，它会束缚人们的思维，使思维僵化。通常常识会以权威、经验或习惯的形式误导人们的思维。

颠覆常识要求人们在遇到问题的时候，不要急于认同，而是要经过系统的、辩证的思考以后，再考虑是否接受或认同；另外，遇到问题的时候，抛弃已有的经验或常识，"清空内存"，关注事物的本质，这也是颠覆常识的一种做法；最后，颠覆常识还应保持独立的思考能力，可以征求他人的意见，但不要盲从他人。

当然，颠覆常识不是对常识的全面否定，只是在看问题的角度方面进行创新。

（二）消除偏见

要想创新还需要消除对事物的偏见，全面评价事物，正确认识事物，才能更好地把握事物。偏见是人们由于一贯的错误认识或受事物表面现象蒙蔽而对事物形成的片面的或者不正确的认识。

创新过程中应消除对事物已有的偏见，从多角度思考问题，站在不同的角度和立场去看待问题；消除对事物原有的认识，用全新的眼光去分析问题，甚至从事物的反面进行思考，全方位、立体化地认识和把握问题。

（三）挑战权威

进行创新要敢于挑战权威，要有挑战权威的勇气和信心，才能在创新过程中有所突破进而取得成绩。权威是人们自愿服从和支持的权力，或者是使人信服的力量和威望。在特定情境下，权威是正确的，但并不绝对。人们可以尊重权威，但不能迷信权威。

挑战权威首先要有怀疑精神,要敢于质疑,有疑惑才会促使思考,有思考才可能有创新。其次要有创新的信念和信心,要相信创新的力量,相信创新才会努力去创新。同时要相信创新并非部分人的专利,任何人都可能在平凡的岗位上创新。最后,进行创新要勇敢尝试,实践出真知,心动不如行动,只有付出努力,才能在实践中实现自己的创新价值。

(四)打破规则

规则是约束和规范人们思想和行为的一系列制度,规则为事物的有效运行提供了保障,但规则同时也限制了人们的思想和行动。面对一些不能适应新发展的事物,要勇于打破旧的规则并建立新规则。

要想打破规则首先要转换视角,从不同的视角出发往往会得出不同的结论和规则,因此换个角度就可能看到不同的规则。打破规则还要敢于质疑规则的有效性和适用性,已有的规则在遇到新事物的时候可能无效或不适应,这时就应当建立新的适应当前形势的规则。另外,很多规则都是被外行打破的,因为外行不受旧规则的限制,不遵守已有的规则,因此外行人做事情有时候反而能够促进创新,能够产生新事物。

(五)否定自我

否定自我也是创新的一种手段。否定自我是人们不满足于已有的成绩,善于发现自己的缺点,勇于承认自我的不足,敢于自我突破并最终实现超越。敢于否定自我不是自卑,不是说承认自己一无是处,而是客观地进行自我分析和自我评价,同时以他人为参照物进行对比,寻找自己的优势和劣势。否定自我的目的是为了实现自我的成长和发展,在这个过程中也要听取他人的意见,全面客观地认识自己,发展和提升自己。

三、创新测试

(一)创新人格测试

以下 20 个陈述,没有对与错之分,只是为了查看被测试者的态度,请根据自己的情况选择对应的答案并将答案代码填写到表 3-2 中。

表 3-2

(A. 非常赞同　　B. 赞同　　C. 不确定　　D. 不赞同　　E. 非常不赞同)

1. 我很注意学习新知识、新思想和新观点	
2. 我愿意尝试用新观点和新方法去解决问题	
3. 我已经能熟练使用新软件和设备进行学习、办公或开展业务了	
4. 我对将发生的事情总有预见性	
5. 我的同事总是可以依靠我掌握现有设备的使用方法	
6. 我很有幽默感	
7. 我愿意经常和其他不同公司或不同部门的专家接触	
8. 我喜欢在工作中学习	
9. 在会议上我会就工作的新方式提出建议	
10. 我经常在工作上自我加压、自我动力、自我激励	
11. 我喜欢思考较高的工作目标并将结果具体化、社会化	
12. 思考问题时我注意放开,不受一些原则或条约的束缚	
13. 我乐意听取朋友和同事们的意见	
14. 我经常把工作放到市场、社会的层面来审视,以期提出更完善的举措	
15. 不愿例行公事的人不应该被惩罚	
16. 我对正式的会议讨论感到很沮丧	
17. 当一个新项目开始时,我希望更多地了解工作的数量而非质量	
18. 在工作中我有能力使工作多样化	
19. 我打算离开一个对我来说没有挑战性的工作	
20. 我不在乎别人对我的想法说三道四	

(二) 创新思维测试

用"是"、"不确定"和"否"回答以下问题。

(1) 那些使用古怪生僻词语的作家,纯粹是为了炫耀。

(2) 同样的问题,要让我产生兴趣,总是比让别人产生兴趣困难得多。

（3）对那些经常没把事情做好的人，我不看好他们。

（4）我常常凭直觉来判断问题的正确与错误。

（5）我善于分析问题，但不擅长对分析结果进行总结和提炼。

（6）我的审美能力较强。

（7）我的兴趣在于不断提出新的建议，而不在于说服别人去接受这些建议。

（8）我喜欢那些一门心思埋头苦干的人。

（9）我不喜欢提那些显得无知的问题。

（10）我做事总是有的放矢，不盲目行事。

各题目选择"是"、"否"和"不确定"的得分如表 3–3 所示。根据测试结果参考表 3–3 计算总分。

得分在 22 分以上的测试者具有较高的创造思维能力；得分在 11～22 分的测试者具备一定的创新意识，通常善于在创造性和习惯做法之间寻找平衡；得分在 11 分以下的测试者属于循规蹈矩的人，往往缺乏创新能力，做事情有板有眼，一丝不苟。

表 3–3

题号	1	2	3	4	5	6	7	8	9	10
是	1	0	0	4	1	3	2	0	0	0
不确定	0	1	1	0	0	0	1	1	1	1
否	2	4	2	–2	2	–1	0	2	3	2

本章小结

思维就是大脑为了解决某个问题而进行不同维度、有秩序的思考。思维是先天遗传与后天学习和教育相结合的综合能力。思维由三个因素构成：智力、知识和才能。

创新思维也称为"创造性思维"，是指有创造性地发现或发明一种新方法用以分析、处理某件事情或表述某种事物的思维过程。创新思维具有创新性、求异性和综合性的特点。常见的创新思维方式有联想思维、发散思维、逆向思维、聚合思维和灵感思维。

创新方法有联想类比法、移植模仿法和组合法。联想类比法是指通过对已知事物的认知而联想到未知事物,从已知事物的属性去推测未知事物也有类似属性的方法。移植模仿法是指将某一领域的原理、方法、技术或构思移植或模仿到另一领域而形成新事物的方法。组合法就是指将多种因素通过建立某种关系组合在一起,从而形成有组合优势的创新方法。

创新技巧包括颠覆常识、消除偏见、挑战权威、打破规则和否定自我。

第四章 组建创业团队

知识目标：
1. 了解团队的含义、特点与构成。
2. 掌握团队和团队角色的类型。
3. 理解信任和团队精神。

能力目标：
1. 了解团队建设要点。
2. 培养融入团队的能力。

第一节 组建团队

一、组建团队的目的

（一）团队的内涵

1994 年，组织行为学权威、美国圣迭戈大学的管理学教授斯蒂芬·罗宾斯首次提出了"团队"的概念：团队（team），又称为工作团队（work team），是为了实现某一目标而由相互协作的个体所组成的正式群体。

团队合作指的是一群有能力、有信念的人为了一个共同的目标在特定的团队中,相互支持、合作、奋斗的过程。团队可以调动成员的所有资源和才智,并且会自动地驱除一些不和谐和不公正的现象,同时会给予那些诚心、无私的奉献者适当的回报。出于成员自觉自愿意向的团队合作将会产生一股强大而持久的力量。

(二)采取团队形式的目的

(1)创造合作精神。以团队方式展开工作,促进了成员之间的合作并提高了员工士气。团队规范在鼓励其成员努力工作的同时,还促成了增加工作满意度的转变。

采用团队形式,使得管理者得以脱身去做更多的战略规划。当工作以个体为基础来设计时,管理者往往要花大量的时间监督下属和解决下属出现的问题,他们成了"救火队长",而很少有时间进行战略思考。

(2)促进员工队伍多元化。由不同背景、不同经历的个人组成的团队,看问题的广度要比单一构成的群体更大,同时做出的决策也要比单个个体决策更有创意和更具操作性。

(3)提高绩效。团队的工作绩效明显要高于单个个体的工作绩效。与传统的以个体为中心的工作设计相比,团队工作方式可以减少浪费、避免官僚主义、积极提出工作建议并提高工作效率。

二、团队的特点与构成

团队和一般群体不同,它是一个有机整体,团队成员除了具有独立完成工作的能力之外,应同时具有与他人合作的共同完成工作的能力。团队的绩效源于团队成员个人的贡献同时也远大于团队成员个人贡献的总和。而群体中成员没有协调工作的要求,群体的绩效是群体成员个人绩效的总和。

(一)团队的特点

团队具有以下8个基本特征。

（1）团队具有明确的目标。团队成员清楚地了解所要达到的目标，以及目标所包含的重大现实意义。

（2）成员具有相关的技能。团队成员具备实现目标所需要的基本技能，并能够良好合作。

（3）成员间相互信任。每个人对团队内其他人的品行和能力都确信不疑。

（4）团队成员具有共同的信念。这是团队成员对完成目标的奉献精神。

（5）成员之间沟通顺畅，信息交流充分。团队成员间要拥有畅通的信息交流。

（6）成员具有谈判的技能。高效的团队内部成员间角色是经常发生变化的，这要求团队成员具有充分的谈判技能。

（7）团队具有公认的领导。高效团队的领导往往发挥的是教练或后盾的作用，他们对团队提供指导和支持，而不是试图去控制下属。

（8）团队具备内部与外部的支持条件。既包括内部合理的基础结构，也包括外部给予的必要资源条件。

（二）团队的构成要素

团队的构成有几个重要的因素，管理学家称之为5个"P"。

（1）目标（Purpose）。每个团队都应该有一个既定的目标，这可以为团队成员导航，使其知道向何处去。没有目标的团队是没有存在的意义的。

（2）人员（People）。个人是构成团队的细胞，一般来说，3个人以上就能构成团队。团队的目标是通过团队成员来实现的，因此人员的选择是团队建设与管理中非常重要的部分。

（3）团队定位（Place）。团队的定位包含两层意思：一是团队整体的定位，包括团队在组织中处于什么位置、由谁选择和决定团队的成员、团队最终应该对谁负责、团队采取什么方式激励下属等；二是团队中个体的定位，包括各个成员在团队中扮演什么角色，是指导成员制订计划、还是具体实施某项工作任务等。

（4）职权（Power）。团队的职权取决于两个方面：一是整个团队在组织中拥有什么样的决定权；二是组织的基本特征，如组织的规模有多大、业务是什么等。

（5）计划（Plan）。从团队的角度看，计划包括两层含义：一是由于目标的最终实现需要一系列具体的行动方案，因此可以把计划理解成目标的具体工作程序；二是按计划进行可以保证团队的工作顺利，只有在计划的规范下，团队才会一步步贴近目标，从而最终实现目标。

三、团队的建设要点

（一）团队建设措施

团队建设措施包括：制定明确的团队目标；建立团队的资源共享机制；帮助团队成员进行角色定位；建立良好的沟通机制；树立团队共同的价值观和行为规范；培养成员的团队归属感；管理者进行有效授权。

因此团队在成立初期就要制定明确的目标并就目标与成员进行充分沟通，确保全体团队成员理解团队目标并能根据团队目标确定个人目标。同时，团队还需要制定和不断完善各项规章制度，这些规章制度包括信息和资源共享机制、沟通机制、团队行为准则等。对团队成员进行管理、授权和培养，组织各种活动培养成员的归属感，提升团队凝聚力。

（二）团队建设的"绊索"

哈佛大学心理学教授理查德·哈克曼指出，在团队建设中常犯的五种错误即团队建设的"绊索"，具体如下。

（1）假团队。管理人员追求时髦，将一个工作单位称为"团队"，但对它的管理却和传统的管理一群人的方式毫无差异。

（2）控制不当。管理者对团队成员加以过多的控制，或对其放任自流。

（3）激进化。这是团队建设的极端，即所实行的团队体制具有破坏组织结构的倾向。

（4）坐冷板凳。团队领导者对团队建设不付出成本，不提供组织支持，不进行或者很少进行团队建设。

（5）过高期望。领导者错误地认为员工会热切地在团队中开展工作，并且认为他们都擅长在团队中开展工作。

四、团队自我评估

（一）团队现状评估

表4-1列出了优秀团队的一些特征，请根据个人所在团队的现状，客观回答表中的问题，将答案填写在表格中，填完表格后进行分析，查找所在团队有哪些方面需要改进，并思考如何改进。

表4-1 团队现状评估表

优秀团队的特征	我们的团队	是否需要改进
1. 我们有明确的目标		
2. 我能说出我们的目标是什么		
3. 我致力于为我们的目标奋斗		
4. 团队成员有足够的技能来完成工作		
5. 团队成员在工作中扮演各种角色		
6. 团队成员的工作技能能得到充分的发挥		
7. 团队成员之间互相尊重		
8. 团队成员都能积极参与讨论		
9. 团队成员之间互相支持		
10. 团队成员拥有他们需要的信息		
11. 团队有公开的交流		
12. 团队成员能够做到相互倾听		

续表

优秀团队的特征	我们的团队	是否需要改进
13. 出现冲突时，团队成员勇于承认		
14. 团队能够积极利用冲突		
15. 团队成员之间不隐瞒冲突		
16. 团队日常工作安排程序清晰		
17. 团队成员都能接受相关的工作方法和程序		
18. 能定期检查工作进程		
19. 定期检查团队的工作情况		
20. 把困难和错误看作学习的机会		

（二）团队合作精神评估

团队合作是团队效率的重要保证，以下是测试团队合作精神的题目，请按照自己的真实意愿回答表 4-2 的问题。

表 4-2 团队合作精神评估表

问题情景	是	不一定	否
1. 你总是认为自己永远不会错吗			
2. 在工作中，你总觉得其他人没有你尽力吗			
3. 你认为相互合作不一定给自己带来好处吗			
4. 你时常与人发生争吵或矛盾吗			
5. 你认为团队中难以实现真正的人人平等吗			
6. 遇到分歧时，你总怀疑别人是错的吗			
7. 当你看见前面的人掉了东西时，你会告诉他（她）吗			
8. 同事们一起出去娱乐时，总会叫上你一同去吗			
9. 你是否知道如果自己不与同事合作会造成损失			
10. 你认为人们互相协作是一种崇高的道德吗			
11. 你一直是很乐意给予他人帮助吗			
12. 一直以来，你与他人相处融洽吗			
13. 你是否认为上司说的话一般不会错			

续表

问题情景	是	不一定	否
14. 一直以来，你都很相信自己的同事吗			
15. 同事经常来请你帮忙吗			
16. 看到同事受到伤害你会感到难受吗			
17. 你总能毫无疑问地执行上司的命令吗			
18. 为了团队利益，你会放弃自己的个人利益吗			
19. 在公共洗手间看见水龙头没关，你会顺手关掉吗			
20. 你的同事或好朋友总会来征求你对事情的看法吗			

根据以下标准计算自己的总分：第1～6题，选"是"得0分，选"不一定"得1分，选"否"得2分。其他题目选"是"得1分，选"不一定"得0.5分，选"否"得0分。

总分30～40分：具有很强的团队合作精神，愿意为团队做出自己的贡献，也很受同伴的欢迎。

16～29分：具有一定的团队合作力，但不够积极主动，容易使事情半途而废，应该纠正自己在团队合作方面的态度。

0～15分：这可能是一个我行我素、很少有朋友的人，通常不愿意付出自己的努力去解决问题，或者总认为自己是对的，应当引起注意。

五、组建团队训练

【训练4-1】　　　　我们是一家人

团队中交流信息需要反馈，这样交流者才可以确认他们发出的信息是否被对方接受，并做出适当的反应，团队的沟通才有效率。作为团队沟通的一个技巧，积极的反馈对帮助建立人际交往是很有效的。这个游戏就是让学生体会什么是积极的反馈，并鼓励他们应用于课堂外的交流中。

1. 规则和程序

（1）将全部人员分为几组，分别为A1、A2、B1、B2、C1、C2，每组

3~4位成员。

（2）先在组内进行学生间的自我介绍，要求介绍姓名、工作单位、职位和爱好等。然后推举一位小组成员代表小组进行介绍，要求将组内每一位学生的情况介绍完整，还可加上自己的评价（大家可以提问）。

（3）当A1小组介绍完，B1、C1小组代表要对A1小组的发言做一句话的评价（只可以是正面的）。当A2小组介绍完，B2、C2小组代表要对A2小组的发言做一句话的评价。以此类推，直到所有小组介绍完毕。

（4）每组介绍自己的代表和发表评价的代表不能是同一个人。

（5）每组介绍时间不超过2分钟。

2. 相关讨论

（1）你是否容易记住别人？用什么方法？

（2）自我介绍和介绍别人，哪一种方式更容易令你印象深刻？

（3）你是否善于赞扬别人？

（4）你是否善于寻找其他成员的共同点？

3. 总结

这个游戏非常适用于大家初次见面、互相了解的阶段。如果彼此认识一段时间了，只要将问题做一下调整，也可以取得不错的效果。作为老师，要鼓励学生们对别人的发言做出积极、正面的评价，这样可以使关系融洽，增强培训效果。

作为游戏参与者，不要羞涩于发言以及对别人做出评价，事实上，如果在游戏中表现积极会收到意想不到的效果，因为让别人非常充分地了解自己，会使我们结交许多朋友。

【训练4-2】　　　　　找到团队

活动目的：提高团队成员的沟通能力，增进团队成员之间的熟悉程度。

1. 规则与程序

（1）人数以 40 人左右为宜。

（2）时间控制在 20~40 分钟。

（3）用具：4 张彩色图片、4 套彩笔、白纸若干。

（4）活动过程：首先，将 4 张图片分别剪成 10 张形状不同的小卡片；其次，将小卡片打乱顺序，并分发给每个学生，同时告诉学生可以根据手中的图片去找团队；再次，游戏开始，至每个成员都找到团队并拼好图片结束；最后，给每个团队分发彩笔和白纸，由团队成员讨论并设计团队名称和标志等。

2. 相关讨论

（1）你在与陌生人沟通时是否会有恐惧感？你认为如何才能有效克服在公众场合交流的恐惧心理？

（2）你认为是否有必要在工作中组建一个团队？请说出你的理由。

（3）在团队中如何才能找到归属感？如何来帮助团队取得成绩？

第二节 融入团队

一、团队成员的角色

加入一个工作团队后，首先要认识团队中的各个角色，掌握他们的特点，才能处理好自己与他们的工作关系，才能够有效地开展工作。"天生我材必有用"，讲的是人们在人类社会活动过程中，任何人都会有自己的价值和贡献，要认识到团队中每位成员的作用。

（一）团队角色类型

英国剑桥产业培训研究部前主任贝尔宾博士和他的同事们经过在

澳洲和英国的多年研究与实践，提出了著名的贝尔宾团队角色理论，即一个结构合理的团队应该由 8 种人组成，这 8 种团队角色分别介绍如下。

（1）实干者（Company Worker）。实干者的特征是保守、顺从、务实可靠。他们有组织能力和实践经验，工作勤奋，有自我约束力。当然他们也有缺乏灵活性、对没有把握的主意不感兴趣等缺点。实干者的主要特征语言见表 4-3。

表 4-3　实干者的特征语言

1. 如果这事不太可能，那我们再花一点时间
2. 实践出真知
3. 努力工作不会错
4. 如果这是可行的，我们立即去做
5. 对于公司而言，宽容不是一个明智的做法
6. 我们还是认真做好手头的工作

（2）协调者（Coordinator）。协调者沉着、自信，有控制局面的能力。他们对各种有价值的意见不带偏见地兼容并蓄，看问题较客观。不过这类人在智能以及创造力方面并非超常。协调者的特征语言见表 4-4。

表 4-4　协调者的特征语言

1. 有人还要补充什么吗
2. 前进之前我们先要达成一致
3. 我们的目标在前方，只有朝它努力
4. 把赞成表现在口头上
5. 我们应该给某人一个机会
6. 你的工作有什么需要帮助的

(3) 塑造者（Shaper）。塑造者思维敏捷、开朗，喜欢主动探索。同时他们有干劲，随时准备向传统、低效率、自满自足发起挑战。当然这类人容易激起争端，爱冲动，易急躁。塑造者的特征语言见表 4-5。

表 4-5 塑造者的特征语言

1. 你的做法很好
2. 我们完成得还不够好，再加把劲
3. 说"不"，然后磋商
4. 我的态度也许是生硬了一些，但至少我说到了点子上
5. 我会让事情有起色的

(4) 智多星（Planter）。在团队中，智多星型的成员有个性、思想深刻，不拘一格。他们才华横溢，富有想象力和智慧，知识面广。这类人往往高高在上，不重细节，不拘礼节。智多星的特征语言见表 4-6。

表 4-6 智多星的特征语言

1. 只要有问题，就会有对策
2. 挑战越大，我们越要付出更多的努力
3. 总会有办法的
4. 奇怪了，这算什么好主意
5. 好主意是从异想中来的
6. 只有创新才能生存

(5) 外交家（Resource Investigator）。这类人性格外向、热切、好奇、联系广泛、消息灵通。他们有广泛联系他人的能力，不断探索新的事物，勇于迎接新的挑战。不过对他们来说，很容易事过境迁后马上转移兴趣。外交家的特征语言见表 4-7。

表 4-7　外交家的特征语言

1. 我发现了一条新路
2. 大胆一点才可能想出好主意
3. 这条路走不通，我们再想办法
4. 机会是从准备中得来的
5. 我们可以对此加以改进吗
6. 这个信息对我有用
7. 不会浪费调查时间的

（6）监督员（Monitor Evaluators）。在团队中，监督员认识清醒、思维理智、谨慎，他们判断力强，分辨力强，讲求实际。但是，他们缺乏鼓动和激发他人的能力，自己也不容易被别人鼓动和激发。监督者的特征语言见表 4-8。

表 4-8　监督者的特征语言

1. 我们已经没有更好的选择了吗
2. 我们再对各种选择权衡一下
3. 我们的决定要经得住时间的考验
4. 别急着做出决定，再等 10 分钟
5. 现在看来，这是最好的选择了
6. 明天再给你一个肯定的答复

（7）凝聚者（Team Worker）。团队中经常会有这样一类人，他们擅长人际交往，性格温和、敏感。在团队中他们承担着凝聚者的角色，因为他们有较强的适应周围环境以及不同人的能力，能促进团队的合作。这类人的缺点是在危机时刻往往优柔寡断。凝聚者的特征语言见表 4-9。

表 4-9　凝聚者的特征语言

1. 怎样做才最好
2. 我没问题，你以为呢
3. 多听听别人在说些什么
4. 这样的工作氛围好
5. 我尽力使自己成为一个多面手

（8）完成者（Finisher）。完成者们勤奋有序、认真，有紧迫感。他们多为理想主义者，追求完美，且持之以恒。他们的不足之处是常常拘泥于细节，容易焦虑，不洒脱。完成者的特征语言见表 4-10。

表 4-10　完成者的特征语言

1. 对这件事情我们丝毫不能分心
2. 预计可能出错，往往会出错
3. 工作就得力求完美
4. 小洞不补，大洞吃苦
5. 全都检查过了吗

团队需要多种角色的组合，以一个软件项目团队为例，协调者适合做项目管理工作；实干者适合做模块设计、编写程序等工作；创新者适合做系统架构设计工作；监督者适合做 SQA 和测试工作；凝聚者适合做团队建设工作；完美者适合做需求、设计等一些重要产出物的评审工作。

"世间万物各有功用"，团队中的每一种角色都很重要，没有完美的个人，但可以有完美的团队，具有不同性格和能力的成员一旦组成了一个团队，这样的团队就可能完美，就可能创造出"奇迹"。同时，还必须尊重团队角色的差异，通过合作弥补不足，"没有人十全十美，也没有人一无是处"。只有合作才能弥补个体的不足，才可能创造出"完美"。

(二) 认知自己的团队角色

在团队中想要把工作做好，我们就得知道自己在团队中扮演的角色，并清晰地理解该角色的位置。具体来讲要有以下认知：

（1）具备履行工作职责的能力，并且乐于与其他成员合作。这样我们才会明白自己在每一个职能流程中的工作位置以及上一道工作程序和下一道工作程序，并能根据工作程序对需要做出反应。

（2）清楚地认识自己的优势、劣势和性格特点。这样才能最大限度地发挥自己的优势，避免自己的劣势，扬长避短。

（3）找到最佳时机介入团队事务。团队中的事务不是每一件都可以参与并发表意见的，何时以团队角色的身份出现，何时保持沉默，何时发挥作用，都应有清晰的认识。

（4）能在不同的团队角色之间灵活转换。团队工作发生变化时，我们的角色也会有所转换，我们应主动适应这种变化。

（5）要适当限制自己的团队角色。团队利益高于一切，我们应适时地从团队利益出发，调整自己的角色行为。

（6）清晰认知他人的团队角色。经常地、及时地与他人沟通认知他人的角色，有时比认知自己的角色更重要。

认知团队角色时要理解人在认知方面的局限性。人性的弱点是容易看到自己的优点，不容易发现自己的缺点；相反容易看到别人的缺点，不容易发现别人的优点。作为团队成员，一定要尽量克服这个弱点，并善于根据团队成员的特点来调整工作。

同时，作为团队成员，在学会尊重其他成员的同时，也要善于和他们合作；同时要善于扬长避短，学会把自己的缺点（或弱点）限制在可以接受的水平，不要影响到工作。

二、团队的基本类型

一般根据团队存在的目的、功能和自主权限将团队分成四种类型。

(一) 问题解决型团队

问题解决型团队是指组织成员就如何改进工作程序、方法等问题交换看法，对如何提高生产效率和产品质量等问题提出建议。

问题解决型团队的核心点是提高产品质量、提高生产效率、改善企业工作环境等。在这样的团队中成员就如何改变工作程序和工作方法相互交流，提出一些建议。成员几乎没有什么实际权力来根据建议采取行动。

(二) 自我管理型团队

问题解决型团队在员工参与决策方面权力缺乏，功能不足。弥补这种欠缺的方法，是建立独立自主地解决问题、对工作的结果承担全部责任的团队，即自我管理型团队。

一般来说，他们的责任范围包括控制工作的节奏、决定工作任务的分配等。这种自我管理型团队甚至可以自由组合，并让成员相互进行绩效评估，而使主管人员的重要性相应下降，甚至可以被取消。

需要注意的是，自我管理型团队并不一定带来积极的效果。例如，其缺勤率和流动率偏高。这说明，对自我管理型团队这一形式的采用有一定的限定范围，需要具备一定的条件。

(三) 多功能型团队

多功能型团队是团队形式的进一步发展。这种团队通常由来自同一等级、不同工作领域、跨越横向部门界限的员工组成，他们聚集在一起的目的就是完成一项特定的任务。可以说，盛行于今的项目管理与多功能型团队有着内在的联系。

多功能型团队是一种有效的形式，它能使组织内（甚至组织之间）不同领域员工之间交换信息、激发出新的观点、协调复杂的关系、解决面临的问题。但是，多功能型团队不是"野餐聚会"，而是有着硬任务，在其形成的早期阶段往往要消耗大量的时间，才能使团队成员之间建立起相互信任的关系。

大学生创业职业素养

（四）虚拟型团队

虚拟型团队是虚拟组织中一种新型的工作组织形式，是一些人由于具有共同理想、共同目标或共同利益，结合在一起所组成的团队。换句话说，虚拟型团队就是在虚拟的工作环境下，由进行实际工作的真实的团队人员组成，并在虚拟企业的各成员相互协作下提供更好的产品和服务。作为一种新型的组织形态，虚拟团队具有传统的团队组织形式所不具备的人才优势、信息优势、竞争优势、效率优势和成本优势。

三、融入团队

大学生无论是创业还是步入职场，都必须尽快地融入团队。快速融入团队要遵循以下几个要领。

（一）放低姿态

任何团队成员，无论以前在何处、有什么值得炫耀的成绩，或者在学校里如何引人注目，都要牢记个体不是完美的，要认识到自己的不足，要遵守职场礼仪，要尊重每一个老同事，不要对别人的行为评头论足，要尊重他人的隐私和权利。融入团队首先是做好自己的工作，这不仅是对他人的尊重，也是对职业和自我的尊重。

（二）谦和忍让

小不忍则乱大谋。要正确对待工作中的矛盾冲突，很多冲突是由于沟通不足或者认知不一致导致的，因此面对周围人的冷言冷语甚至小动作，不公开、不回应、不传播、不介入，兢兢业业做好自己的工作，让自己的工作成绩能被看得到，才能"任凭风浪起，稳坐钓鱼船"。

（三）与团队融合

加快融入团队的进程，迅速变成团队的"自己人"。沟通要从心开始，要交新朋友，在新团队中尽快找一两个可以很好交流的新朋友，扎下根基，通过个别人的认可逐步获得整个团队的认可。

四、团队角色评估

表 4-11 是贝尔宾团队角色（Belbin Team Roles）问卷，每个问题有 8 个答案，请将总分 10 分分配给每个问题的 8 个答案。分配的原则是给最体现自己行为的答案最高的分数，以此类推，可以给 0 分，也可以给 10 分，但总分 10 分要分配完。

表 4-11　贝尔宾团队角色问卷

1. 我认为我能为团队做出的贡献如下	得分
A. 我能很快地发现并把握住新的机遇	
B. 我能与各种类型的人一起合作共事	
C. 我生来就爱出主意	
D. 我的能力在于一旦发现对实现集体目标很有价值的人，就及时把他们推荐出来	
E. 我能把事情办成，这主要靠我个人的实力	
F. 如果最终能导致有益的结果，我愿面对暂时的冷遇	
G. 我通常能意识到什么是现实的、什么是可能的	
H. 在选择行动方案时，我能不带倾向性、也不带偏见地提出一个合理的替代方案	
2. 在团队中，我可能有的弱点如下	
A. 如果会议没有得到很好的组织、控制和主持，我就会感到不痛快	
B. 我容易对那些有高见而又没有适当发表出来的人表现得过于宽容	
C. 只要集体在讨论新的观点，我总是说得太多	
D. 我的客观算法，使我很难与同事们打成一片	
E. 在一定要把事情办成的情况下，我有时使人感到特别强硬甚至专断	
F. 可能由于我过分重视集体的气氛，我发现自己很难与众不同	
G. 我易于陷入突发的想象之中，而忘了正在进行的事情	
H. 我的同事认为我过分注意细节，总有不必要的担心，怕把事情搞糟	
3. 当我与其他人共同进行一项工作时	
A. 我有在不施加任何压力的情况下，去影响其他人的能力	
B. 我随时注意防止粗心和工作中的疏忽	
C. 我愿意施加压力以换取行动，确保会议不是在浪费时间或离题太远	
D. 在提出独到见解方面，我是数一数二的	
E. 对于与大家共同利益有关的积极建议我总是乐于支持的	

续表

F. 我热衷于寻求最新的思想和新的发展	
G. 我相信我的判断能力有助于做出正确的决策	
H. 我能使人放心的是,对那些最基本的工作,我都能组织得"井井有条"	
4. 我在工作团队中的特征如下	
A. 我有兴趣更多地了解我的同事	
B. 我经常向别人的见解进行挑战或坚持自己的意见	
C. 在辩论中,我通常能找到论据去推翻那些不甚有理的主张	
D. 我认为,只要计划必须开始执行,我有推动工作运转的才能	
E. 我有意避免使自己太突出或出人意料	
F. 对承担的任何工作,我都能做到尽善尽美	
G. 我乐于与工作团队以外的人进行联系	
H. 尽管我对所有的观点都感兴趣,但这并不影响我在必要的时候下决心	
5. 在工作中,我得到满足,因为	
A. 我喜欢分析情况,权衡所有可能的选择	
B. 我对寻找解决问题的可行方案感兴趣	
C. 我感到,我在促进良好的工作关系	
D. 我能对决策有强烈的影响	
E. 我能适应那些有新意的人	
F. 我能使人们在某项必要的行动上达成一致意见	
G. 我感到我的身上有一种能使我全身心地投入到工作中去的气质	
H. 我很高兴能找到一块可以发挥我想象力的天地	
6. 如果突然给我一件困难的工作,而且时间有限,人员不熟,我会	
A. 在有新方案之前,我宁愿先躲进角落,拟订出一个解脱困境的方案	
B. 我比较愿意与那些表现出积极态度的人一道工作	
C. 我会设想通过用人所长的方法来减轻工作负担	
D. 我天生的紧迫感,将有助于我们不会落在计划后面	
E. 我认为我能保持头脑冷静,富有条理地思考问题	
F. 尽管困难重重,我也能保证目标始终如一	
G. 如果集体工作没有进展,我会采取积极措施去加以推动	
H. 我愿意展开广泛的讨论,意在激发新思想,推动工作	

续表

7. 对于那些在团队工作中或与周围人共事时所遇到的问题，我会	
A. 我很容易对那些阻碍我前进的人表现出不耐烦	
B. 别人可能批评我太重分析而缺少直觉	
C. 我有做好工作的愿望，能确保工作的持续进展	
D. 我常常容易产生厌烦感，需要一两个有激情的人使我振作起来	
E. 如果目标不明确，让我起步是很困难的	
F. 对于我遇到的复杂问题，我有时不善于加以解释和澄清	
G. 对于那些我不能做的事，我有意识地求助于他人	
H. 当我与真正的对立面发生冲突时，我没有把握使对方理解我的观点	

将各题目对应的得分填写到表 4-12 中，然后把各项的总分加起来就是测试者扮演的各角色的分数。分数最高的一项就是测试者所表现出来的角色，分数排列第二和第三的就是测试者的潜能，如果得分在 10 分以上的有三项，则表示测试者三种角色都可以扮演。如果有一项得分超过 18 分，那么可以确定测试者就是这类角色了。得分在 15 分以上证明特别适合这个角色，5 分以下表示不能承担这个角色。

表 4-12 团队角色测试结果

题号	实干家	协调者	塑造者	智多星	外交家	监督员	凝聚者	完成者
1	G	D	F	C	A	H	B	E
2	A	B	E	G	C	D	F	H
3	H	A	C	D	F	G	E	B
4	D	H	B	E	G	C	A	F
5	B	F	D	H	E	A	C	G
6	F	C	G	A	H	E	B	D
7	E	G	A	F	D	B	H	C
总分								

五、团队协作训练

【训练 4-3】　　　　　导航塔

这一个训练的目的是要在轻松的游戏中把松散的工作小组转变为团结高效的工作团队。本活动需要准备如下物品：纸杯、报纸、透明胶、吸管、橡皮筋和一把手工剪刀。

1. 规则和程序

（1）分组，每组 5~8 个人。

（2）老师宣布每个小组的任务是要为本组建一座导航塔，越高越好。

（3）分发材料，宣布在规定时间内发动成员的创新意识建塔。

（4）所建的塔要接受其他组选出的检验员的检验，以吹不倒而且最高为胜利。

2. 小组讨论

你们的小组是如何工作的？从高塔本身而言我们获得了什么团队管理的启示？

3. 总结

在一个比较复杂的任务中，每个人都要根据自己的特长、有明确的分工。组员有了很好的创意，也要通过良好的沟通使其他组员接受，并在可行性上加以推敲。同时，我们开始从事复杂任务时，都应该有一个系统方案，这样才能成为一个高效团队，才能解决问题。

【训练 4-4】　　　　　运输带

一台机器的正常运行依赖于大量齿轮之间的精密配合运转，同样的，在一个团队完成任务的时候，大家的紧密合作也是非常重要的。

1. 规则和程序

（1）学生 10~12 人组成一组。

（2）老师将下述材料分发给每个小组，分别为：每组 40~50 张废报纸、一卷大透明胶、两把大剪刀。

(3) 每一个小组要能够运用这些材料制成一条运输带，将全体成员从起点运送到终点。

2. 相关讨论

(1) 你们小组最后是成功还是失败了呢？有没有什么可总结的经验？

(2) 成功的运作取决于什么因素？个人在团队里面的角色是什么样的？团队的协调又起到什么作用？

3. 总结

正像传送带需要多个齿轮合作运转一样，团队在完成这个任务的时候也需要大家像齿轮和螺丝钉一样发挥自己的一分力量，共同完成集体任务。个人和集体之间是相互依赖、互为唇齿的关系，个人好集体才能好，集体好个人才能好。

首先需要保证的是这条运输带的质量一定要过关，只有这样才能保证运输的正常进行，其次为了彼此间的相互配合，团队中的每一个人都要同时扮演领导者和被领导者的角色，以保证任务的顺利进行。

第三节 培养团队信任

一、团队信任

信任是合作的开始，也是团队管理的基础。

(一) 理解信任

信任是相信对方是诚实、可信赖、正直的一种依赖关系。信任具有三个主要特征：①会增加信任者的风险。②被信任者的行为不受信任者的控制。③若某一方违约可获得短期利益。

如果团队建立了信任，成员之间将易于构建互相包容、互相帮助的人际氛围,更易于形成团队精神以及积极饱满的工作情绪,成员的工作满意度会随之得到提高,有助于提高成员对团队的忠诚度及工作效率。

在工作团队中,一方面,成员间彼此的信任关系会因对方的专业能力、敬业程度、对事情的理念等因素而受到影响;另一方面,也会因为个人的人格、人际关系、彼此互动程度等因素而影响事情的成果,因此产生了不确定性和风险性。团队成员间彼此的信任与否以及信任程度的高低影响了不确定性和风险性。信任程度越高,则不确定性与风险性越小;信任程度越低,则不确定性与风险性越大。

(二) 培养信任感的方法

以下是一些可以用来培养信任感的方法,这些方法无论是对团队领导还是对团队成员来讲都适用。

(1) 表明自己既是在为个人的利益而工作,又是在为他人的利益而工作。每个人都关心自己的利益,但是,如果他人认为我们利用别人、利用自己的工作、利用所在的组织为我们个人的目标服务,而不是为所在的团队、部门、组织利益服务,我们的信誉就会受到损害。

(2) 成为团队的一员,用言语和行动来支持自己的工作团队。当团队或团队成员受到外来者攻击时,维护自己团队的利益,这样做会说明我们对自己的工作团队是忠诚的。

(3) 开诚布公。人们所不知道的和人们所知道的都可能导致不信任。如果你开诚布公,就可能带来信心和信任。因此,应该让人们充分了解信息,解释你做出某项决策的原因,对于现存问题则坦诚相告,并充分展示与之相关的信息。

(4) 公平。在进行决策或采取行动之前,先想想别人对决策或行动的客观性与公平性会有什么看法。在进行绩效评估时,应该客观公平、不偏不倚。在分配奖励时,应该注意其公平性。

(5) 说出你的感受。那些只是向员工传达冷冰冰的事实的组织管理人员与团队领导,容易使员工产生冷漠与疏远的感受。说出你的感受,别人会了解到你是真诚的、有人情味的,他们会更加了解你。

(6)表明团队决策的基本价值观是一贯的。不信任来源于不知道自己面对的将是什么,花一些时间来思考你的价值观和信念,让它们在团队的决策过程中一贯地起到指引作用。一旦了解了自己的主要目的,行动相应地就会与目的一致,而团队的一贯性就能够帮助赢得员工的信任。

(7)保密。信任那些可以相信和依赖的人,因此如果别人告诉我们一些秘密,他们必须确信我们不会同别人谈论这些秘密,或者说不泄露这些秘密。如果人们认为某人会把私人秘密透露给不可靠的人,他们就不会信任这个人了。

(8)展现自我的才华。在团队中要勇于展现自己的才能,表现出自我在技术和专业方面的才能以及良好的商业意识,这样能引起别人的仰慕和尊敬。应该特别注意培养和表现个体的沟通、团队建设和其他人际交往能力。

二、团队精神

(一)什么是团队精神

所谓团队精神,是指团队中的个体为了团队的整体利益和目标而协同合作的大局意识。它表现为成员对团队目标的认同,对团队强烈的归属感和团队成员之间紧密合作、共为一体的意识。

一个高效团队的灵魂就是团队精神。只有具有团队精神,一个团队才能发挥最大的力量,才能获得最佳效率。

(二)团队精神的内涵

团队精神是组织文化的一部分,团队精神并不要求团队成员牺牲自我,相反,发挥个性、表现特长更能保证成员共同完成任务目标,而明确的协作意愿和协作方式则产生了真正的内在驱动力。团队精神并不是虚无缥缈的东西，它可以体现为以下几个方面。

（1）协作精神。即指个人愿意与他人建立友好关系和相互协作的心理倾向。团队成员在工作中愿意相互依从、相互支持、密切配合，并建立起相互尊重、相互信赖的协作关系，就被称为有协作精神。

（2）全局观念。即指团队成员对团队忠诚度高，对团队有一种强烈的归属感，不允许有损害团队利益的事情发生，具有团队荣誉感，将个人利益与团队的整体利益联系在一起。

（3）责任意识。即指团队成员有着为团队的成长和兴衰而尽忠尽责的意识，忠于团队的目标与利益，恪尽职守地完成任务并遵守团队规章制度等。

（4）互助精神。即指团队成员有意愿将个人的信息与资源同团队其他成员共享，为了达到团队整体目标与利益互相帮助和互相交流，团队成员之间没有隔阂。

（5）进取精神。即指团队成员为了实现团队的整体利益努力进取，在团队发展、团队战略和价值实现的过程中努力进取、齐心协力，为一个共同的目标而奋斗。

团队如果有良好的管理，就可以通过合适的组织形态将每个人安排至合适的岗位，充分发挥集体的潜能。一个团队如果没有正确导向的文化，没有良好的从业心态和奉献精神，就不会有团队精神。

（三）**团队精神的作用**

团队精神是团队中不可缺少的因素，在团队管理和团队激励中具有重要的积极作用。

（1）凝聚功能。团队精神具有聚合团队成员的凝聚功能。团队精神通过群体意识的培养，通过员工在长期的实践中形成的习惯、信仰、动机、兴趣等文化心理，来沟通人们的思想，引导人们产生共同的使命感、归属感和认同感，产生一种强大的凝聚力。

（2）亲和功能。团队精神具有团结团队成员的亲和作用。培养团队精神，使成员齐心协力，拧成一股绳，朝着一个目标努力，团队要达到的目的即是单个成员自己所努力的方向，团队整体的目标顺势分解成各个小目标，在每个员工身上得到落实。

（3）协调功能。群体行为也需要协调，团队精神能够协调团队成员的个体行为。团队精神所产生的协调力，是通过团队内部所形成的一种观念的力量、氛围的影响，去约束、规范、协调个体行为，协调个体的行为不与团队的整体利益相冲突，以达成团队的目标。

（4）激励功能。团队精神能对团队成员形成激励作用。团队精神要靠员工自觉地要求进步，力争与团队中最优秀的成员看齐，通过成员之间正常的竞争来达到相互激励的目的。

三、培养团队精神

培养一支充满团队精神的高绩效团队，是管理目标之一。如何打造团队精神，企业应该做到以下几点。

（一）营造相互信任的团队氛围

某知名银行的管理者特别放权给自己的中层员工，对工作中的费用支出下属决策即可。有人担心会乱花钱，可事实上，员工并没有乱花钱，反而维护了许多客户，其业绩成为业内的一面旗帜。

相比之下，有些管理者，把钱管得很严，生怕别人乱花钱，自己却大手大脚，结果员工在暗中也想尽一切办法谋私利。在这个案例中，我们可以体会到相互信任对于组织中每个成员的影响，尤其会影响员工对组织的情感认可。而从情感上相互信任，是一个组织最坚实的合作基础，能给员工以安全感，员工才可能真正认同公司，把公司当成自己的家，并以之作为个人发展的舞台。

（二）慎用惩罚

从心理学的角度看，如果要改变一个人的行为，有两种手段：惩罚和激励。惩罚导致行为退缩，是消极的、被动的；激励是积极的、主动的，能持续提高效率。惩罚是对员工的否定，一个经常被否定的员工，有多少工作热情也会荡然无存。组织的激励和肯定有利于增强员工对企业的正面认同，而组织对于员工的频繁否定会让员工觉得自己对企业没有用，进而也会否定企业。

（三）建立有效的沟通机制

在日常工作中要保持团队精神与凝聚力，沟通是一个重要环节，比较畅通的沟通渠道、频繁的信息交流，使团队成员间没有压抑的感觉，工作就容易出成效，目标就能顺利实现。

当然这里还包含一个好的统帅和准确的目标或发展方向的问题。当个人目标和团队目标一致的时候，员工就容易对公司产生信任，士气才会提高，凝聚力才能更深刻地体现出来。所以高层要把确定的长远发展战略和近期目标下达给下属，并保持顺畅的沟通和协调。这时，企业团队成员都有较强的事业心和责任感，对团队的业绩表现出一种荣誉感，乐意积极承担团队的任务，使工作氛围处于最佳状态。

（四）形成团队自身的行为习惯及行事规范

团队的规范表现出团队的行为风格与准则。企业的规章制度、标准化的建立健全，在这方面可起辅助的作用，而这个部署的关键是团队的核心人物。典范作用是建立领导权威的最主要因素，通常我们所说的以身作则就是这种含义。领导通过自身的系列言行影响规章制度、纪律的执行，逐步建立起威信，从而保证管理中组织、指挥的有效性。这样员工也会自觉地按照企业的行为规范要求自己，形成团队良好的风气和氛围。

进行人性化管理。团队精神的培育是对管理者的要求。据统计，管理失败最主要的原因是管理者和同事、下级处不好关系。人性化管理是处理日常工作、处理上下级关系的管理技巧，来自精神和物质方面的有效激励可以起到激发员工的个体驱动力和稳定员工情绪的作用。特别是管理知识型员工更是需要考虑关怀、爱心、耐心、善用、信任和尊重的因素，这一点高层领导首先要把握好。

四、团队能力评估

（一）团队协作能力评估

团队协作能力是指团队成员之间密切配合、相互协作、有效解决问题的能力。请完成以下问题并计算得分，参考得分结果进行分析思考，进而提高自己的团队协作能力。

（1）你如何看待团队成员之间的协作？（　　）

A. 三个臭皮匠顶个诸葛亮　　B. 可以提高团队绩效

C. 有时阻碍个人才能的发挥

（2）你如何看待团队成员的缺点？（　　）

A. 缺点也可以转化　　B. 缺点不影响优点的发挥

C. 缺点需要改正

（3）在团队中，管理者如何为团队成员分配工作？（　　）

A. 根据其特长　　B. 根据其性格

C. 根据其资历

（4）当你听到他人被认为能力不强时，你如何看待？（　　）

A. 也许没有发现他的特长　　B. 他也许没有展现他的特长

C. 他应该学习提高

（5）你如何评估团队中的每一位成员的价值？（　　）

A. 每位团队成员都有价值　　B. 能力不同价值不同

C. 能力就是价值

（6）管理如何让你的团队成员之间保持良好的协作关系？（　　）

A. 建立适于发挥特长的机制　　B. 通过流程加以约束

C. 通过硬性规定实现

(7) 如果你的团队中有成员确实影响了团队绩效，你如何做？（　　）

A. 加强沟通，及时解决问题　　B. 用替补成员进行替换

C. 限期改正，否则开除

(8) 你如何理解"人多力量大"这句话？（　　）

A. 只有协作好，力量才大　　B. 团队不是个人力量的相加

C. 有时未必人多力量大

(9) 当你成为团队中的主要成员时，你如何看待自己？（　　）

A. 我离不开团队　　B. 继续发挥自己的作用

C. 团队离不开我

(10) 7个和尚轮流分粥，你认为哪种方式能够长期协作下去？（　　）

A. 轮流分粥，分者最后取　　B. 一个人分，一个人监督

C. 对分粥者进行教育

选 A 得 3 分，选 B 得 2 分，选 C 得 1 分。总分 24 分以上说明测试者的团队能力很强，请继续保持和提升；得分 15~24 分，说明测试者的团队合作能力是中等水平，需要努力提升；得分在 15 分以下的测试者的团队合作能力差，亟待努力提升。

（二）团队信任能力评估

团队信任能力是团队成员之间互相信任、坦诚以待、互相帮助的互信能力。请完成以下测试问题并计算得分，参考得分结果进行讨论分析。

(1) 你如何看待团队中的诚信问题？（　　）

A. 诚信是个人品质　　B. 诚信影响信任关系

C. 诚信是信任的基础

(2) 管理者如何赢得团队成员的信任？（　　）

A. 保持行为的一惯性　　B. 按制度办事，一视同仁

C. 言行一致，做事先做人

(3) 是什么使你信任团队中的其他成员？（　　）

　　A. 团队成员的经验　　　　　B. 团队成员的能力

　　C. 团队成员的品德

(4) 你认为团队成员间的信任对团队有何影响？（　　）

　　A. 信任会减少误会　　　　　B. 信任会增进团结和沟通

　　C. 信任会提高工作效率

(5) 当某一团队成员的行为被其他成员怀疑时，你如何看待？（　　）

　　A. 根据品行决定是否信任　　B. 相信他们

　　C. 通过沟通来了解真相

(6) 管理者应如何看待团队成员的作用？（　　）

　　A. 增进双方的感情　　　　　B. 让团队成员顺利完成任务

　　C. 激发团队成员的斗志

(7) 团队成员之间如何才能保持充分信任？（　　）

　　A. 遇到问题及时沟通　　　　B. 定期沟通，消除疑问

　　C. 建立信息共享机制

(8) 管理者通过哪种途径使团队成员之间相互信任？（　　）

　　A. 提高成员能力和道德水平　B. 成员之间加强沟通

　　C. 用同一目标增强凝聚力

(9) 管理者如何才能避免团队瓦解？（　　）

　　A. 跟进团队成员需求　　　　B. 定期协调成员利益关系

　　C. 让团队成员充分信任

(10) 管理者应该如何看待自己看到的状况和现象？（　　）

　　A. 眼见为实　　　　　　　　B. 自己只看到一部分

　　C. 看到的未必是真实的

所有问题选 A 得 1 分，选 B 得 2 分，选 C 得 3 分。得分在 15 分以下的测试者团队信任能力非常不足，亟待努力提升；得分 15～24 分的测试

者团队信任能力中等，需要设法提升；得分在 24 分以上的测试者团队信任能力较强，请继续保持和提升。

五、团队信任训练

【训练 4-5】　　　　　　红黑对局

红黑对局的真正含义只有在团体的协作中才能达成，在协作中，要本着双赢的理念，才能得到最后的胜利。

1. 规则和程序

（1）将学员分成 4 组或者 6 组，每两个小组为竞争伙伴（依次编码为 A1，A2，B1，B2……），每个小组应该多于 4 人且少于 8 人。

（2）小组两两对局，每组各有红色、黑色两种牌，各组经过商讨，决定出牌的颜色。所获得的分数，取决于对方出牌的颜色。注意得分的原则，每次出牌，都要公布分数。

（3）告诉学员得分标准。

（4）请每组成员在充分考虑得分标准之后，经过讨论决定本组选择什么颜色，并写在记分表上，交给老师。

（5）老师宣布双方的选择结果，并根据得分标准为双方打分，得分标准参见表 4-13。

表 4-13　红黑对局得分标准

第一组	得分	第二组	得分
红	+5	黑	-5
红	-3	红	-3
黑	-5	红	+5
黑	+3	黑	+3

（6）游戏可以持续数轮，其间双方只有一次机会可以互相交流，但是只有在双方都提出这个要求时才行，其他时间双方不能进行任何接触，中

间始终要保持一定的空间。

(7) 最后，总分为正的小组为赢家，总分为负的小组为输家，两方都为正值就是达到了双赢的状态，双方均是负分则没有赢家。

2. 相关讨论

(1) 得分标准有什么特点？这一特点决定了在比赛的过程中，双方应该采取什么策略？

(2) 当记分表上的分数并不是很理想的时候，你是否想过原因？是否想过要与对方沟通一下？

3. 总结

(1) 得分标准注定了大家之间的竞争关系，与囚徒困境类似，大家很容易就会陷入双输的状态，而对大家最为有利的无疑是事先进行一定的沟通，最后达到双赢的结果。

(2) 值得注意的是做生意讲究的是诚信，做游戏也是一样，如果与对方讲好要合作，又在游戏时反悔，转而寻求看似很大实则短暂的暂时利益的话，就会影响双方合作的基础——信任，就会造成合作的失败。

(3) 尽管人们往往习惯于独赢的成功感，但是这个世界上有的是比你聪明的人，与其冒着失败的危险，寻求一个不是你死就是我亡的结局，倒不如大家都好好地活着。

【训练4—6】　　　　团队精神游戏

1. 规则和程序

(1) 老师发给每个小组一面彩旗、一支旗杆和一盒彩笔。

(2) 要求学员在30分钟之内建立自己小组的口号和团队文化，还可以有队歌、标志等，比比看哪一组的想法最有创意，最能体现本组人的特点。

2. 相关讨论

(1) 这样的游戏方式对于各个小组来说有什么好处？

大学生创业职业素养

（2）你们组是如何设计自己的团队文化、标志的？是什么给了你们启迪和暗示？

3. 总结

（1）人们一提到企业文化就会觉得那是高深莫测的东西，但实际上，企业文化就体现在员工的日常生活和行为举止当中。

（2）只有一个团队积极向上、互利合作，才能形成团队特有的良好精神面貌，大家才能一起努力，取得骄人的成绩。

本章小结

团队是为了实现某一目标而由相互协作的个体所组成的正式群体。团队具有一般群体不具备的优点。采取团队形式的目的是为了创造合作精神、促进员工队伍多元化和提高工作绩效。团队合作指的是一群有能力、有信念的人为了一个共同的目标在特定的团队中，相互支持合作、奋斗的过程。团队的构成因素（5P）包括目标、人员、团队定位、职权和计划。

团队由多个成员构成，团队成员在团队中承担着不同的角色。在团队中要正确认识自我，努力融入团队。没有完美的个人，会有完美的团队。

团队信任是团队管理的基础。团队应当建立起成员之间的相互信任关系。团队精神是团队个体为了团队的整体利益和目标而协同合作的大局意识。团队精神是团队的灵魂，它包括协作精神、全局观念、责任意识、互助精神和进取精神。

第五章 表达与沟通

知识目标：
1. 熟悉语言沟通的特点，掌握不同类型的语言沟通要点。
2. 了解演讲的含义，掌握演讲稿的撰写技巧。
3. 熟悉会议的准备及会议期间的注意事项。
4. 理解职场沟通技巧。

能力目标：
1. 综合运用语言沟通与非语言沟通的技巧。
2. 培养演讲与会议沟通的能力。

表达与沟通是职场最重要的核心技能之一。良好的表达和沟通能力有助于顺利达成目标。现代职场中几乎所有的职业都需要和他人进行合作，共同完成工作任务，因此，准确清晰地表达个人见解，有策略地与他人进行沟通，不仅是职场人士的必备技能，也是职业素养的体现。

大学生创业职业素养

第一节 语言沟通

一、面谈沟通

面对面沟通是指运用口头表达方式来进行信息的传递和交流，也就是我们通常所说的你一言、我一语的面对面交谈。

（一）面谈沟通的特点

（1）直接、亲切。面谈沟通不仅可以从口头语言上得到信息，而且可以从对方的声音和肢体语言上获得信息。讲话者可以利用情绪的感染力大大增强沟通效果。通过自信的表达、积极的倾听、恰当的提问充分展现一个人的沟通能力，使得信息、思想和情感得到充分的交流。

（2）迅速、深入。和书面沟通相比，面谈沟通可以立即实现双方的交流，还可以迅速得到对方的反馈信息，以便做进一步深层次的交流。

（3）清晰、准确。面谈沟通时，听话人可以即时提问，以澄清含混的信息，减少误解，沟通效果清晰准确，可实现快速有效的沟通。但面谈沟通也有其缺点，如需要反应敏捷，不利于信息的保留和储存。

（二）面谈沟通的分类

面谈沟通可分为自发性交谈与有目的面谈。

（1）自发性交谈，即指无固定目的，朋友、同事、亲戚之间因偶然相遇而引发出话题，随意进行交谈的过程。

（2）有目的面谈，即为了某些特定的目标，在一个组织中有计划地在两个人（或更多人）之间进行面对面沟通和交流信息的过程。

一般来说，自发性交谈与有目的面谈的区别如表 5-1 所示。

表 5-1　自发性交谈与有目的面谈的区别

自发性交谈	有目的面谈
无目的	有目的
自发的	有计划
欢迎无关信息	排除无关信息
非正式的	正式的
不受场所限制	受场所限制
礼貌的寒暄	具有面谈特征
无须技巧	讲究技巧性

（三）面谈沟通的目的

一般来说，面谈沟通的目的可能是如下一种或者几种：①传递信息，例如职位任命、绩效评估结果等；②寻求观念和行为改变，例如劝告、训导或销售建议等；③做出决策，例如招聘面试通知、出差通知等；④解决问题，例如绩效评估、纠正等；⑤探求新信息，例如民意测验、调查研究、咨询等。

（四）面谈沟通过程

面谈沟通的过程包括 5 个步骤，即沟通准备、营造氛围、阐明目的、交流信息、结束面谈。这 5 个阶段层层递进，如图 5-1 所示。

图 5-1

面谈各过程的细节具体如下：

（1）沟通前的准备。明确面谈沟通的目标；知道面谈沟通的对象是谁；确定面谈沟通的地点和时间；考虑面谈沟通的内容；把握面谈沟通的方式。

(2)营造氛围的技巧。简要概述面谈者自身所面临的问题;就某个问题征求意见或寻求帮助;向面谈对象列举出你的建议及解决问题的方法;以引人注目的方式开始打开话题;不谈问题本身而谈其背景;说出你代表的组织、公司、团体或派你与面谈对象见面者的名字;明确占用对方多少时间,例如十分钟或半小时;表述要明确,以提问为先导。

(3)阐明目的。除非由于某些特殊的目的有意不向面谈对象透露这些信息,否则,就要在开始阶段提出面谈目的。

(4)交流信息。交流信息是面谈的关键阶段,它占据面谈大约90%的时间,主要用于获取信息、传递信息和阐明信息。

(5)结束面谈。在结束面谈时应该对面谈的内容做简要归纳,这有助于确认面谈双方对问题的理解与认识,提高所获信息的准确性,从而有效避免误解。

(五)面谈的原则

面谈应掌握以下原则。

(1)把握局面,营造氛围。通过充分的面谈前准备,要树立十足的信心,做到表达自然,态度平和。注意衣着搭配得体,交谈环境和主题相适宜,适时寒暄赞美,轻松入题。

(2)目的明确,清晰准确。交谈逻辑清楚,始终有一条主线贯穿其中,资料准确,言词清晰,减少语病。表达简洁有活力。

(3)认真倾听,真诚友好。在面谈的过程中,要保持礼貌和气,要注意表达感受的方式,不能直接伤害和触怒对方,先肯定成绩,再指出缺点。学会换位思考,控制自己情绪。

(4)实事求是,客观评价。尊重事实,运用智慧,通过理性的判断以及丰富的业务经验,客观全面做出评价。

二、书面沟通

书面沟通有时可以达到面对面语言沟通所无法到达的效果,可以较为全面、有逻辑性和理性地阐述想要表达的观点、建议和方法。发送者有充分时间准备和修改使之完美，可以弱化发送者不必要的情绪。因此，良好的书面语言表达能力能保证一个社会组织正常和有效率地与外界进行沟通，能对组织建立一个良好的社会形象起到正向的作用。

（一）书面沟通的文书种类

按照书面沟通所要达到的目的分类，职业文书大致可以分为以下六类：

（1）介绍型文书，如求职信、简历、履历表、产品介绍书、项目介绍等。

（2）通知型文书，包括通知、通告、通报以及各类报告等。

（3）说服型文书，包括项目提案、申请、请示、建议书、商务广告等。

（4）指导建议型文书，包括规划、方案、安排等计划类文书，以及领导讲话稿等。

（5）记录型文书，包括工作总结、个人总结、会议记录、备忘录等。

（6）协议型文书，包括合同、协议、合作意向书、标书、条约等。

在职业活动中，常用文书种类繁多，但有几种使用频繁，与领导、管理、沟通活动密切相关的公文，应尽量能够掌握并运用自如，如求职信、简历、项目介绍书、工作计划、工作总结、讲话稿、简报、会议记录等，这也是做好本职工作的基本要求。

另外，在今天的组织沟通中，数字化沟通在沟通中占有的分量越来越重，如电子邮件、传真函等。电子邮件的内容能涵盖很多职业沟通内容，正确和有效地使用电子邮件也是职业人士必备的技能之一。

（二）职业文书的一般格式

职业文书的一般格式可概括为 SCRAP 格式。

SCRAP 是指写作中按照事态描述（Situation）、复杂性（Complication）、

解决方案（Solution）、行动（Action）、礼貌用语（Politeness）来进行职业文书写作的模式。

SCRAP写作格式适用于一切书面文件，可以称为万能格式。SCRAP格式能够使文字简洁明了，但又不会漏掉任何基本信息，是一种比较稳妥的撰写职场文书的方法。

（1）事态描述。陈述事件当前的发展状况，让收到信息的人能够清楚写作者要说的事情，而且能够理解事件的前因后果。例如，写作者欲询问同事什么时候有时间，以便安排一次会议，因此在电子邮件中需要明确陈述写信的目的。

（2）复杂性。许多工作状况常常涉及多个部门或多位相关人员，因此在书面沟通中常常需要解释出现复杂状况的原因，比如，说明更改会议日期事件，表明每个人的日程安排都很紧张，而且参加会议领导中途要出差，因此决定会议改期。

（3）解决方案。书面文件中还需要就复杂情况说明解决方案。仍以上面提到的会议文件为例，在邮件沟通中可以解释写作者准备如何解决整个问题，例如在邮件中明确提出："建议全体人员回复我，从今天起到下周三之间，各位哪些天可以参加会议。我会尽快确定开会时间，并用电子邮件通知全体人员。"

（4）行动。指明具体的行动和行为，即告诉别人你希望他们在什么时间做什么，必要的时候可以说明这样要求的目的或意义，以便于争取对方的理解和支持，例如："请在明天（本星期四）下班前将计划以电子邮件的形式发送给我，这样我就可以在周末之前分配下一步的任务。"

（5）礼貌用语。书面写作要保证礼貌地进行每一次沟通。因此在书面文件中不妨多用"非常感谢""致以最美好的祝愿"，等等。这比仅仅签名要友好得多。总之，"礼多人不怪"，书面的礼貌用语很多，可以根据情境和关系选择使用。

（三）职业文书的撰写过程

书面沟通要花费写作准备和修改的时间，要求有较好的写作能力。在写作过程中一般有以下几个阶段。

（1）构思文章。分析可能的读者；分析书面沟通的必要性；明确书面沟通的目标是说明、论证还是有其他目的。

（2）收集资料。资料来源包括信件、文档、文章、书籍、电话采访、亲自拜访、互联网、头脑风暴、个人笔记等，可以是一手资料，也可以是二手资料。

（3）组织观点。通过分组、筛选资料、分析资料、归纳标题、提炼主题来组织观点。

（4）撰写提纲。提纲是把要点用逻辑顺序列出，反映出写作材料的组织形式。

（5）起草文章。不要试图完美，不要在乎写作顺序，不要边写边改。

（6）修改文稿。宏观上的修改包括观点的重新提炼和结构的重组，微观上的修改主要对文稿的字词句段进行完善。

（四）职业文书的注意事项

撰写职业文书，应当遵循一定的原则。专家建议撰写职业文书应注意以下事项。

（1）要有日期和称谓。确保收信人的名字和称谓书写正确，确保没有遗漏头衔、荣誉或职务。确保日期准确，不要写错日期或者把当年的日期写成数年前日期。

（2）考虑保密性。如果该文书包含敏感或私人信息，书写人并不想让该文书在组织内部广为流传，则应在文书上标注"保密"或"私人"字样。同样如果收到了标注有"保密"或"私人"的字样文件，也应同样回复。

（3）风格统一。所有的职业文书应该有一个正式统一的风格。实际上职业文书也是企业文化的一部分，因此除了有礼貌、有条理、表达清晰之外，职业文书应该用统一的风格，例如采用有企业统一标志的纸张或者发送电子邮件时标注公司名称等。

（4）及时回复。收到职业文书后，应该立即回复，如果因故不能回复，应当通过电话或者邮件说明原因，不应该不声不响无故拖延时间。

三、电话沟通

（一）打电话的注意事项

（1）做好准备。打电话前应做好两方面的准备：一是内容的准备；二是时间的准备。内容准备应在打电话前写好通话提纲，如果打电话的内容多、时间长，事先拟订通话提纲就更加重要。打电话的时间也要事先规划，特别是打长途电话或给国外打电话，要选择双方都方便的时间，以免打扰对方休息。具体见表5-2。

表5-2　打电话前应该做好的几件事

1. 确保知道受话人的姓名
2. 核对预拨的电话号码及分机号
3. 长途电话要核对两地时差，选好打电话时间
4. 记下交谈提纲或制备一份议程
5. 确保有关主题和资料已按交谈顺序处理好
6. 在随手可及处准备好笔和记录本

（2）以职业化的问候开始。问候之后确认一下接电话的是何人，是不是要找的人，如果"是"，接下来主动说明自己的身份，并简要说明通话目的。如果拨错了电话，要说声"对不起"，以表示歉意。电话沟通时要求说话简洁、清晰、明了，语言规范。

（3）在电话结束前确认一下主要观点和要做的事。如果要找的人不在，可以请接电话的人转告，可以留言或者询问何时再打过来能找到本人,最后要道谢。

(4) 在整个电话沟通过程中,要表现出真诚和友善。要知道,微笑也是会通过电话传递的,微笑着说话时,对方也能够感受到微笑的表情。

(二) 接听电话注意事项

(1) 及时接听,自报家门。接听电话时不要让铃声响太久,要迅速接听,最好在铃声响过两声之后立即接听。拿起电话先问好,接着介绍自己,报出单位和自己的名字,然后确认对方的单位、姓名以及来电话的意图。

(2) 适当回应,做好记录。如对方讲话比较长,不要沉默,要有回应,否则对方不知道你是否在听。同时在接电话前准备好纸和笔,认真做好来电记录。电话记录既要简洁又要完备,随时牢记5W1H技巧,记下何人(Who)、何时(When)、何地(Where)、何事(What)、为什么(Why)、如何进行(How)。在工作中这些信息都是十分重要的,对打电话接电话具有相同的重要性。

(3) 接到误拨电话。如果接到打错的电话,记住对方不是有意的,要礼貌地告诉他"您打错了"。

(4) 中断处理。有时在接打电话过程中需要中断一下,处理别的电话或事情,或者要查询其他信息时要向对方解释清楚,处理后尽快返回并说句"很抱歉让你久等了"。

(5) 替人传达。如果对方要找的人不在,此时需询问对方可否转达、可否请别的人接待。如果需要帮忙转达,则要做好记录。

(6) 声音的控制。打电话的声音过高或过低都不好,太高有大声喊大声叫的意思,太低则对方听不清。

(7) 谁先挂电话。一般来说,挂电话的顺序也是有讲究的,可以参照如下顺序:尊者先挂电话;客户先挂断;双方平级,则打电话者先挂断。

（三）接听电话基本应答礼仪

（1）基本礼貌用语。接听电话应该遵循基本的礼仪，注意电话中的礼貌用语。表5-3中列举了常见的电话礼貌用语。

表5-3　接听电话的礼貌用语

不恰当的语言	礼貌用语
你找谁？	您好！请问您找哪一位？
有什么事？	请问您有什么事？有什么能帮到您的吗？
你是谁？	请问您贵姓？
不知道！	抱歉，这事我不太了解。
我问过了，他不在！	我再帮您看一下，抱歉，他还没回来，您方便留言吗？
没这个人！	对不起，我再查一下，您还有其他信息可以提示给我吗？
你等一下，我要接个别的电话。	抱歉，请稍等。

（2）听不清对方的话语。当对方讲话听不清楚时，进行反问并不失礼，但必须方法得当。如果惊奇地反问"咦？"或怀疑地回答"哦？"对方定会觉得无端招人怀疑、不被信任，从而非常愤怒，连带对你印象不佳。但如果客客气气地反问："对不起，刚才没有听清楚，请再说一遍好吗？"对方定会耐心地重复一遍，丝毫不会责怪。

（3）接到打错了的电话。有一些职员接到打错了的电话时，常常冷冷冷地说："打错了。"最好能这样告诉对方："这是××公司，您找哪儿？"如果自己知道对方所找公司的电话号码，不妨告诉他，也许对方正是本公司潜在的顾客。即使不是，你热情友好地处理打错的电话，也可使对方对本公司抱有初步好感，说不定将来会成为本公司的客户，甚至成为公司的忠诚支持者。

（4）遇到自己不知道的事。有时候，对方在电话中一个劲儿地谈自己不知道的事。职员碰到这种情况，常常会感到很恐慌，往往迷失在对方喋喋不休的陈述中，好长时间都不知对方到底是谁，待电话讲到最后才醒悟过来:"关于××事呀!很抱歉,我不清楚,负责人才知道,请稍等,我让他来接电话。"碰到这种情况,应尽快理清头绪,了解对方的真实意图,避免被动。

(5)接到领导亲友的电话。领导对下级的评价常常会受到其亲友印象的影响。打到公司来的电话,并不局限于工作关系。领导及亲朋好友,常打来与工作无直接关系的电话,他们对接电话的你的印象,会在很大程度上影响领导对你的评价。

例如,当接到领导亲友找领导的电话时,由于忙着赶制文件,时间非常紧迫,根本顾不上寒暄问候,而是直接将电话转给领导就完了。这样可能会被认为"不懂礼貌"。职场人士请切记时刻严格要求自己。

四、沟通训练

【训练 5-1】 沟通及沟通中的障碍

1. 训练目的

这个训练的目的是希望学生能在训练中体会沟通的重要性,并在沟通中熟悉和练习沟通技巧。

2. 训练过程

(1)训练准备:训练人数以30~40人为宜,每6~8人分为一组,各组准备一个眼罩或者较厚的布料蒙住眼睛,准备两根10米长的绳子和若干张报纸。

(2)选择一块宽阔平坦的场地作为训练场地。

(3)每组两位同学为搭档,其中一人做监护员,一人闯地雷阵。(人数较多是一个有利因素,当人数较多时场地会变得喧闹,会增加训练的难度。)

(4)分别在场地起点和终点处都摆放好事先准备的绳子,绳距10~15米,注意绳子应平行摆放以保证各组距离相同。在两条绳子中间放置一些报纸作为地雷。

(5) 给每对搭档发一块布料，让闯地雷阵的一方蒙住眼睛，由监护员带领其到达训练场地起点。监护员在场外指挥同组闯地雷阵的队员，帮助其顺利闯过地雷阵。

(6) 各组闯地雷阵的同学到达起点后，宣布游戏开始。

(7) 注意闯地雷阵的队员一旦踩到报纸即为"阵亡"；监护员也不能进入地雷阵。

(8) 顺利到达终点的队员和同伴互换角色，接力帮助同伴到达对岸。

(9) 每个小组的所有成员均完成任务后，计算"阵亡"人数最少且用时最短的小组为优胜。

3. 小组讨论

(1) 游戏过程中会遇到哪些问题？

(2) 沟通过程中会遇到哪些障碍？

(3) 监护员能清晰地进行引导吗？他发布的指令清晰明确吗？

(4) 在训练过程中你们遇到了噪声吗？你们是否事先预估到了噪声并做好了防范措施？

第二节 演讲

一、认识演讲

（一）演讲的含义

演讲又叫演说或讲演，它是人们用口头表达方式阐明道理、推衍大意的一种交际形式，是交流传播信息的重要手段之一，演讲者在表达时要借助姿势和表情，以说服听众。具体演讲中有的重"演"，有的重"讲"。演讲者、听众和时境（一定的场所、时空环境）构成演讲的基本要素。演讲系统具有目的性、整体性和协调性，同时又是社会（如学校、公司等）

大系统的一个组成部分,且深受大系统的影响和制约。演讲必须系统安排才能有效发挥作用,达成系统目标。

(二) 演讲的分类

演讲一般可分为命题演讲、即兴演讲和论辩演讲三种。

(1) 命题演讲,即由别人拟定题目或演讲范围,并经过准备后所做的演讲。一般来说,它包含两种形式:全命题演讲和半命题演讲。命题演讲一般由酝酿与构思、演练、演讲三个阶段构成。

(2) 即兴演讲,即演讲者在事先无准备的情况下就眼前场面、情境、事物、人物临时起兴发表的演讲。演讲者要紧扣主题,抓住由头,迅速组辞,言简意赅。

(3) 论辩演讲,即由两方或两方以上的人因对某个问题产生不同意见而展开的面对面的语言交锋和智慧较量。如,我们生活中常见的法庭论辩、外交论辩、赛场论辩以及生活论辩等。

一般来讲,在隆重的礼仪场合,宜用宣读式演讲,它能造成威严、庄重、稳定的美感;在轻松愉快的场合,宜采用脱稿式演讲,它能给人以活泼、流畅的美感;才思敏捷、幽默风趣的人,宜采用即兴式演讲,它能给人以亲切、坦率、诙谐的美感。

二、演讲稿写作

演讲稿是为演讲所准备的书面材料。写好一篇演讲稿,必须做好以下几点。

(一) 选题

选择题材、确定主题。叶圣陶先生说:"一场演说,必须是独立的东西。用口语说也好,用笔写文章也好,总得对准中心用功夫,总得说成功、写成功一件独立的东西。不然,人家就会弄不清楚你在说什么、写什么,因而你的目的就很难达到。"

了解听众对象的思想状况、文化程度、职业状况，了解他们所关心和迫切需要解决的问题是什么，这样的演讲稿才会有针对性，演讲才能达到宣传、鼓动、教育和欣赏的目的，符合客观的需要。所以演讲主题要明确、集中，无须面面俱到，要有思想深度，力避一般的水准、平庸的议论，范围上不太过广泛，目标上也不应模糊。让听众所关心的问题得到演讲者的理解和支持，不仅会使听众思想上有共识，感情上产生共鸣；还为听众所关心的问题提供新的知识和信息，清醒了头脑，开阔了视野，使听众在心灵上感到有所提升或收益；而且为听众所关心的问题提供了科学的思路，使听众感到有了希望和前途。

（二）确立题目

较常选用的演讲题目有四种类型：一是主题式，如"做一个创新型的人""智者创造机会"；二是问题式，如"在没有伟人的时代我们的人生目标是什么""教育倘若失去了良知会怎样"；三是范围式，如"互联网+时代的创业人才""春天的和谐校园"；四是目标式，如"我们的未来之路"。

（三）选材

如果主题是演讲的灵魂，那么材料就是演讲的血肉。美国第16任总统林肯在日常生活中，随时将他认为有用的材料记录抄在碎纸片、旧信封、破包装纸上，他把它们装到自己常戴的一顶高帽子里，以备空闲时拿出来整理。林肯就这样日积月累地储备了大量的材料，当演讲需要时，就可以信手拈来使用。

演讲稿使用的材料可分为三类：直接材料、间接材料和创意材料。

（1）直接材料的搜集。所谓直接材料，就是演讲者在日常工作、交往、生活及社会活动中的所见、所闻，是演讲者亲身经历或耳闻目睹的一些事件、言论、感受，也就是演讲者自身通过对社会的观察、体验、感受、调查、研究所得到的第一手材料。

（2）间接材料的搜集。所谓间接材料，是指演讲者从报纸、杂志、书籍、广播、电视、网络等媒体搜集到的材料，也可称为第二手材料。

（3）创意材料的整理。所谓创意材料，是演讲者在大量直接材料和间接材料的基础上，经过归纳、分析、研究所得的材料。创意材料是演讲者思考的结果，带有很强的主观色彩，但同时也更能够增加演讲稿的新颖性和独特性。

（四）结构

演讲稿要写得有起伏波澜，主要不是靠声调的高低，而是靠内容结构的有起有伏、有张有弛，有强调和反复，有比较和照应。

结构对于演讲者就好像骨骼对于身体一样，人的骨骼长得好，整个人看起来就身体匀称；结构也像大楼的框架，框架搭得好，大楼的整体才会坚实。演讲稿的结构是演讲者为了充分表现演讲的主题，把一些散乱的、零碎的、无序的材料按照事物发展的内部矛盾、内在规律，有机巧妙地组织安排起来而形成的一个框架体系。

对演讲稿结构的要求有三点：首先，演讲稿结构要清晰明白。演讲稿的结构清晰，层次感就强，听众一听就明白你讲了些什么事情，你的问题是如何提出的，你是怎样进行分析的，最后又是如何解决问题的。其次，演讲稿结构有其特殊模式。演讲稿除了具有文章结构的一般模式外，还需要有一个开头语和结束语。演讲稿的主体结构一定要紧紧围绕中心展开，结构完整、论证严密，不可东拉西扯、自由散漫。层次和条理分明是演讲稿结构的主体。最后，演讲稿的结构还要有逻辑性和灵动性。面对公众进行演讲，要想说服、教育、鼓动听众，没有逻辑的力量是难以做到的。一篇优秀的演讲稿，必须充满睿智，具有严谨的逻辑性。同时演讲的结构活泼、跌宕起伏，才使人愿意听、喜欢听，容易被吸引和被感染。

（五）锤炼语言

演讲稿的语言是演讲的生命线。它包括以下4点：①准确、明白。演

大学生创业职业素养

讲语言要符合沟通要求，即演讲的语言要准确明白，要让人听懂、听清楚。②简洁、精练。演讲是一种以口头沟通传递信息和表达情感的方式，且演讲往往有时间限制，因此演讲语言应简洁精练。③通俗、易懂。演讲语言要求通俗易懂，避免使用生僻繁难词语而产生沟通障碍。④生动、形象、感人。最后还要注意演讲语言要能打动听众，要生动、形象、感人，要能使听众产生共鸣。

三、演讲的艺术技巧

（一）演讲开头的艺术技巧

演讲是一种既有备而来又要临场发挥的艺术，也是一种需要和听众互动的艺术。演讲开头要吸引人，必须直接从能引人入胜的事物开始，有人一开始就讲一些毫无新鲜感的套话，极易让听众的注意力分散。开头的方法有以下几种。

（1）巧设悬念法。悬念有实物悬念和语言悬念两种类型。实物悬念不只是勾起了听众的好奇心，所用实物必须与演讲的主题相关又非同寻常。语言悬念在演讲的开头就语出惊人、激起听众的好奇心。

（2）提问法。提问包括设问和反问。一般应用反问时口气较重，带有较强的谴责意味，较适合那些批判以及鼓动性的演讲。

（3）讲故事法。当然，演讲的开头艺术还有诸如由演讲的题目谈起、由演讲的缘故谈起、由具体的事例讲起，还有幽默式开头、名言警句开头、自报家门式开头、以抒发感慨开头等。

（二）演讲表达方式技巧

（1）演讲中的幽默艺术。幽默在演讲中扮演着重要的角色，但前提是必须学会创造性地、自然地把幽默融入演讲。幽默不是重复老套、粗俗甚至下流的笑话，那样没有任何意义，甚至会让听众反感。世界上最著名的 TED 演讲者从不讲笑话，除非是职业喜剧演员，否则人们讲笑话的样子会很不自然。幽默可以是演讲者的趣闻、见解或个人故事，也可以是用类比或比喻的方式来解释复杂问题。

（2）演讲中调动激情的艺术。演讲是"演"与"讲"的完美结合，不仅需要对听众进行语言"刺激"，还要对听众进行情绪的感染，激情洋溢的演讲才能更好地鼓舞人、感动人。"诚于中，则形于言。"演讲者只有自己先具有丰富、真诚而炽热的感情，才能把这种感情倾注到其有声语言和姿势语言中去，并借助感情的鼓动力，充分发挥自己心理因素的积极作用，来取得演讲的成功。

（3）演讲中强调重心和描述细节的艺术。演讲时要强调重心，使整个演讲中心突出，旗帜鲜明，撼人心魄。对演讲中的细节描述要做恰当处理，过多的细节描述会给人一种琐碎、冗长的感受；相反与主题有关的细节，如果能够描述得具体生动恰当，却会给人一种栩栩如生、如临其境的感觉，大大增强演讲的感染力。

（4）演说中"诗词套用"的艺术技巧。古人云："言之无文，行而不远。"和写文章一样，在通俗平易中倘若适当用一些诗词歌赋为自己的演讲润色，会更富哲理，表达效果更佳。

（5）演讲中的情景与故事描述。演讲应当是感性与理性的结合，既要以理服人，也要生动感人。因此对演讲中的故事和情景要做适当处理，以适当的故事和情景渲染气氛，蕴含于生动的故事或情境之中的道理更容易被听众接受。

（6）演讲者的风度和礼仪。演讲是一种表演性很强的讲话艺术，演讲者不仅要有很好的口才辅之以恰当的态势语言，风度和礼仪也不可忽视。风度是一个人内在修养的外在表现，内在修养影响着人的各种行为，有什么样的性格、品德、学识、经验等修养，就有什么样的风度。比如，有人温文尔雅，有人活力四射，而有些人却毫无风度可言。

演讲的礼仪不但表达了演讲者的精神状态，同时也是演讲者内在修养的集中体现，比如着装的整洁、合体、大方，讲究适度，才给人以自然得体的印象，过分张扬或毫无修饰的服饰会分散听众的注意力；男士面部要干净利落，女士则要薄施淡妆。

进入演讲会场，应当落落大方、态度谦和，不可左顾右盼、东张西望，也不要躲躲闪闪、忸怩作态，更不要装腔作势、高傲轻慢。就座后最好稳坐静思，给人以沉稳谦和的印象。走上演讲台时，要先向主持人点头致谢，而后步伐沉稳，目视前方，走上讲台。站稳后，目光迅速扫视全场，与听众做一次目光交流；然后以诚恳谦和的态度向听众鞠躬致敬；神态稍定，即可开始演讲。演讲完毕，要向听众致谢，并要向主持人致意。走下台时不要匆忙慌乱，要像走上台时一样轻松自如、潇洒谦和。

演讲者要站在与麦克风合适的距离处，太近，传出去的声音有些失真；太远，听众会听不清楚。站立时要讲究站法，目光要扫视全场，不要只盯着一部分听众，更不能抬头看天花板或是面对墙壁，这样不利于与听众交流，也是对听众的失礼。

同时要杜绝不美观的演讲举止，比如：过分严肃；明显模仿他人的动作和语言；抨击弊端时，使在场的所有人都成了被抨击的对象；有挠头、抚弄衣服等无意义的动作等。

(三) 演讲收尾方式技巧训练

演讲收尾部分往往是点睛之笔，既是收尾也是高峰；既水到渠成，又戛然而止；既铿锵有力，又余音袅袅；既别开生面不落俗套，又自然妥当，能给人以强烈的印象。正如戴尔·卡耐基所说，"最后——也是最重要的"。常见的演讲收尾方法有以下几种。

(1) 总结全篇。这种结尾扼要地对全篇进行总结，把演讲内容概括成言简意赅的几句话，以加深听众的印象。

(2) 鼓动号召。这种结尾以发出号召收拢全篇，给听众极大的鼓舞和深刻的印象。

(3) 借用名言名语。这种结尾使用被人们普遍认可和使用的名言名语或诗句结束演讲，给整个演讲的论点一个强有力的证明，进一步深化主题，并把演讲推向高潮。

(4) 抒情式结尾。这种结尾满怀激情，以优美的语言直抒胸臆，但要注意克服"套话"，内容与形式要统一。

四、演讲的注意事项

(一) 演讲前的准备

演讲前要详细了解演讲规则，分析听众，按演讲规定的时间熟悉演讲稿，演讲前最好是进行一到两次与实际时间相当的预讲。了解演讲的场地环境和听众的人数，确定自己的音量和语气。

(二) 反复阅读经过修改的演讲稿

熟练掌握演讲稿中的观点、逻辑、结构和段落，不一定要背诵全稿，而是要掌握演讲的布局和要领。背诵演讲稿反而会限制演讲者临场的感情调度，难以达到与听众间顺利交流的效果，会显得缺乏应变能力。即兴是演讲的难度和魅力所在。

(三) 设计好演讲中的手势和表情

训练中可配合自然的手势和表情。演讲的手势和表情应事先做设计和准备，但切不可人为设计动作，尤其不能做表演状，一举手、一投足要恰到好处，自然协调。

(四) 遵循演讲礼仪

准备得体的着装与服饰。遵循TPO的原则，使演讲的服饰合体、合度、合时，格调高雅，给人以美感。另外，演讲的语言要求精练、优美新颖，不能像平常说话那样随便、零散，同时把握好语音语调、气息节奏的运用。

(五) 注意演讲用词

演讲者不该用到的词语、话题要力避，比如粗俗与亵渎的话题；开政治或种族玩笑或进行诋毁；自吹自擂，并攀附名人以抬高身价；不恰当的外语用语，当然发音标准、大家熟知的可恰当穿插；别人的私生活和自己的隐私；论人是非长短；喋喋不休，或用一些没有意义的口语如"你们知道""我是说""事实上"等来润饰话语等。

五、演讲训练

【训练 5-2】　　　　演讲构思训练

指导老师给出一组词语，学生在 2 分钟的准备时间内，用这些词语组成演讲稿并进行演讲。要求演讲的意思表达完整、逻辑清晰、语言流畅。

词语举例：

（1）书桌、汽车、阳光、海滩、网球。

（2）少年、恐龙、邂逅、大海、手机。

（3）老师、沙漠、鲜花、飓风、天堂。

……

【训练 5-3】　　　　谁想听我讲

1. 训练规则和流程

（1）每人准备 3 个以上 3 分钟左右的演讲。

（2）在教室中寻找一个和自己具有某种相同特征的同学组成一组，例如：姓氏相同、都穿了白色的鞋子等，找到搭档越快越好。

（3）双方分配角色，分别为 A、B。

（4）演讲即将开始，A 对 B 说："我想对你讲一点事情，我认为这个事情你真的会非常感兴趣。"

（5）B 对 A 说："谁想听你胡说八道！"并转身离开。

（6）而 A 则紧追着 B 继续演讲。B 在附近走来走去，并重复着"那又怎样？谁愿意听你胡说八道！"等话语。

（7）A 不改变演讲内容，思考"为什么这个演讲是十分重要的"以及

"为什么 B 应当认真倾听",并适当通过语调、面部表情和身体语言等把这个意思表达出来。

(8) 3 分钟时间到了,演讲结束。

(9) A 和 B 互换角色,重复同样的过程。

(10) B 演讲结束,游戏结束,双方相互道歉并握手,返回座位。

2. 讨论分享

(1) 一再要求别人听自己发言有什么感受?有些时候发言者一定要这么做吗?为什么?什么时候?

(2) 当你被忽视时,你有什么想法或感受?你采取方法来调整自己的发言方式了吗?是什么方式?

(3) 发言人什么时候会遇到听众认为他们的信息不切题的情况?为什么会发生这种情况?

(4) 如果发言人对自己的演讲内容注入了情感,是否会有不同的效果?

第三节 会议沟通

会议沟通是沟通方式之一,但会议形式化现象一直是一个非常严重的问题。本来不需要的过程,却变成必需的过程;本来不需要讲的话,却变成了必须讲的话;本来几分钟开完的会,却需要一个小时,乃至更长的时间;本来一个人讲话的会,却要几个人来讲;本来在这个地方开的会,非要到另一个地方开;本来几个人参加就可以,非要叫来各级领导干部参加。这样一来,会议没少开,时间没少占,精力没少花,财力也付出不小,但对工作却没有多大的促进和改善。

参加会议是我们生活中的一部分,全世界每天要开无数次会议。无论你是与会者还是主持人,都应该学会开会,懂得开会的技巧,使会议开得

大学生创业职业素养

高效成功。据调查,经理级人士和专业人员每周约花 1/4 的时间在开会上。因此如何开会,如何使会议有效益和有效率,对任何人和组织都具有重要的意义。

专家指出"会议时间最好不要超过两小时"。根据经验,两小时是一个人集中注意力的极限。事实上,只要超过两小时,会议效率必然下降,而且会引发无数意想不到的问题,比如与会者之间的争执、会议做出错误决定等。本节专门就如何提高会议沟通效率介绍一些技巧。

一、会议沟通

(一)会议沟通的含义

"会议沟通"即开会,是一种常见的沟通方式,也是一种成本较高的沟通方式,沟通的时间一般比较长,常用于解决较重大、较复杂的问题。开会一般有四种目的:增强承诺、信息传播、解决问题和做决策。

在日常工作中我们一方面渴望通过会议沟通来达成某种目的,同时又害怕开会。没有会议沟通将导致工作中各部门或团队之间无法有效协同,部门间隔阂加大。但掌握不了会议同样会让大家陷入文山会海之中不能自拔,费时费力,对开会越来越惧怕。因此掌握进行有效的会议沟通技巧就非常重要了。

有效的会议首先要回答"5W1P"。Why:为什么要开会?即论证开会的必要性。What:开会的内容是什么?Who:谁召集、谁主持、谁记录、谁追踪会议结果?When:什么时候开会、持续时间多长、何时结束、下次会议召开的预计时间?Where:会议在什么样的环境和场景下召开?Preparing:针对会议必须要有充分的安排。

从会议的组织上看,需要明确"4P"。Purpose:会议目的;Participants:参会人员确定;Planning:会议的计划安排;Process:会议流程。

（二）适宜采用会议沟通的情形

许多人以为开会就是一个人在台上讲，许多人在台下听。这种场景其实只是会议的一种形式而已，按照会议的目的不同，可以将会议形式分为五种类型。

（1）谈判会议：用于解决争端和冲突，目的在于经过讨论达成一致或谅解。

（2）报告会议：信息往往是单向流动，不允许讨论，否则会影响信息的有效传递。例如，传达重要信息时，需要将项目进度、企业所取得的成绩等进行报告和公布等情况。

（3）解决问题会议：要求充分发挥参会人员的主观能动性，使问题得以有效的解决；例如，讨论复杂问题的解决方案时，针对复杂的技术问题，讨论已收集到的解决方案等。

（4）制定决策会议：只限于特殊人员参与，组织严密。参与者必须深刻理解决策并对决策承担责任。

（5）收集、发布、交流信息会议：发布消息，发表意见，了解对消息、意见的反应。此类会议鼓励讨论与提问。需要当事人清楚、认可和接受，如项目考核制度发布前的讨论、项目考勤制度发布前的讨论等。

通常的会议经常是几种会议形式的整合。

二、会议的准备

召开会议前就应该安排好会议的议题、议程、与会者名单以及现场的布置等事项，否则很难保证会议顺利进行。会议的准备工作包括以下内容。

（一）确定参加会议的人员

确定参加会议的人员时应遵循以下原则。

（1）首要原则是少而精。

(2) 信息型会议，你应该通知所有需要了解信息的人都参加。

(3) 决策型会议，你需要邀请能对问题的解决有所贡献、对决策有影响的权威人士，以及能对执行决策做出承诺的人参加。

(4) 对那些未在会议邀请之列的关键人士做出说明。

（二）发布会议议程

很多会议常常临时通知，并没有任何会议资料，甚至连个议程都没有，开会时大家两手空空，不知道从何讨论。所以，正式或定期的会议，应该发出会议通知，并征询出席者提案，开会前准备好议程资料，并在会议前让与会者知道，良好准备是会议成功的开始。

制定议程安排要求做到以下几点。

(1) 充分考虑会议议程，写出条款式的议程安排。

(2) 确定会议的召开时间和结束时间，并和有关部门协调。

(3) 整理有关议题，并根据其重要程度排出讨论顺序。

(4) 把会议安排提前交给与会者。

（三）布置会议室

(1) 现场会议室一般比较方便而且费用低廉，因而是首选地点。但是如果涉及企业的对外关系或者与会人数较多时，则可以考虑租用酒店或者展览中心。

(2) 与会者的身体舒适需求不能忽略，应该注意会议室的空调温度、桌椅舒适度、灯光和通风设备等。

(3) 根据沟通需要来选择适当的桌椅排列方式。信息型会议的与会者应该面向房间的前方，而决策型会议的与会者应该面向彼此，适宜采用圆桌型的现场布置。

三、会议进行期间的注意事项

对于举办会议的组织者来说，如何让众多的会议参与者在会议中获得他们想得到的东西，同时又能使他们在会议上充分贡献他们的才智，是首要关心的问题。也就是说，如何使会议开出成果是会议的第一要务。会议进行期间，会议筹办者必须随时想到以下几个问题：发言内容是否偏离了议题？发言内容是否出于个人的利益？全体人员是否都专心聆听发言？发言对象是否过于集中于某些人？是否有从头到尾都没有发过言的人？是否某个人的发言过于冗长？发言的内容是否朝着结论推进等。

一般来说，会议期间要注意以下事项。

（一）会议开场要点

会议开场要做好如下工作。

（1）准时开会。不准时开会只能加剧与会者的焦躁情绪，同时也令他们对会议主持者的工作效率和领导能力产生怀疑。

（2）向每个人表示欢迎。如果会议主持人面对的是新的成员，可以让他们向大家做自我介绍。如果彼此已经见过面了，也要确保把客人和新人介绍给大家。

（3）制定或者重温会议的基本规则。可以使用"不允许跑题""与议题无关的内容不要在会议期间讨论""聆听每一个人的发言""每个人的发言不能超过5分钟"等类似的规定。如果会议准则是与会者共同制定而不是主持人强加的，则会议的效果还要好一些。会议主持人可以向与会者询问："大家同意这些规定吗？"要得到每一个人的肯定答复，不能想当然地把沉默当成没有异议。

（4）分配记录员和记时员的职责。对于一些例行会议而言，可以由所有人轮流担当这些责任。当然也要考虑个别情况，如果有些人速记能力比较差，不适合做记录员，也不宜勉强。

（二）会议掌控技巧

为了让会议开得有效率，与会者就应该善用各种会议技巧，适时地提出权宜问题或秩序问题，要求主席制止不礼貌、超出议题的发言，该搁置就搁置,该停止讨论就停止,该散会就提出散会。以下是会议掌控的一些技巧。

(1) 提案事先沟通。很多人不知道如何提案,有些会议筹办者也搞不清楚。提案要搞清楚、弄明白,最好要有说明和办法,不要提一些不知所云的案子。重大的提案最好能事先沟通,事先沟通有助于会议的讨论和进行。

(2) 发言沙盘推演。开会是要讨论事情的,当然要让出席的人讲话,但会议的发言要有方法,先讲主张再说明理由,不要讲一大堆没人听得懂的言论。为了让会议开得有效率,必要时可以限制发言的时间和次数。如果有高度冲突的议题,发言可以事先沙盘推演,安排发言的重点和顺序,再利用动议让议案进入表决,免得大家死缠烂打。

(3) 议案需要表决。很多会议经常议而不决,提了案,也发了言,但因为各方意见不一致,碍于情面或怕得罪人而不将议案或讨论话题付诸实施表决。

(4) 工作报告简短。很多会议几乎都在做工作报告,一些领导人轮番上阵做报告。好像工作报告越多就越是认真,报告做完了就散会了。为了提高效率,可以通过决议要求工作报告简短,甚至限制报告时间,进而要求工作报告以书面呈现,书面报告就无法啰嗦了。

(5) 议程随时掌控。会议的进行要尊重与会的人,而不是主席一人说了算,也不必忍受少数人漫无限制的发言,会议开始前可以确认议程,然后要求主席按照议程主持会议,如果觉得有必要的话,也可以要求变更议程,随时掌握议程的进行,可以让会开得更有效率。

(6) 记录要求正确。日常生活中的多数会议开完就算了,很多从来没见过会议记录,甚至结论被改了也没人知道。开会是为了"达成决议",决议是在会议记录中呈现的,会议记录可以说是开会的成果。所以要关心会议记录,要求会议记录要让与会者过目,书面通知或下次会议确认都可以。

（7）决议确实执行。开会是为了达成决议，更是要"解决问题"。开了会，形成了决议，不执行等于没开。所以花了时间来开会，就更应该关心执行的情形，要求下次会议要报告上次会议决议的执行情况，并要求决议确实被执行。

会议安排自查表见表5-4。

表5-4 会议安排自查表

检查项目	具体工作负责人	检查结果
会议沟通目标		
会议议程安排		
参加会议人员安排		
会议实物安排		

（三）会议的结束

在会议结束时应该重新回顾一下目标、达成的共识和成果。可以回顾一下会议的主要决定和行动方案，回顾会议的议程，明确已经完成的事项和待完成的事项；也可以给每位与会者一点时间说最后一句话；或就下次会议的日期地点等事项达成一致意见；或者是对会议进行评估，在一种积极的气氛中结束会议，可以对每一位与会者表示祝贺，表达你的赞赏，然后大声说："谢谢各位！"以此结束会议。

四、参加会议的建议

（一）给主持人的建议

首先，主持人应该有正确的定位，正确认识自己在会议中的角色和作用。主持人是主，与会者是客，让客人尽量多发言才是正确的做法，不可反主为客。主持人的主要功能是维持会议秩序、节奏和程序正义，而不是发表演说。会议主持人要避免自己过多发言。

其次,主持人应对话题讨论进行引导,避免发言过热或过冷。会议主持人必须留心会议进行的状况,发现与会者的讨论偏离主题时,要立刻拉回正题。有时会议讨论得非常热烈还是无法得出结果时,主持人可以要求相关人员换个时间做出结论。有些会议的问题是没人发言、反应不佳,这时如果主持人事先能把题目细分成几个子题,与会者就比较容易贡献自己的智慧。主持人事先没有准备,让与会者当场才思考、发表意见,效率会非常低。如果主持人让与会者发表自己针对主题事先想好的结论,就容易归纳各方意见。优秀的主持人应该善于运用各种提问方式。表5-5列出了几种提问的类型及其特点。

表5-5 提问类型及其特点

问题类型	问题特点
棱镜型	把别人提出的问题反问所有人
环型	向所有人提出问题,然后轮流回答
广播型	向所有人提出问题,然后等待回答
定向型	向所有人提出问题,然后指定一人回答

最后,除了会议当中的努力,事前也要多沟通。有些问题如人事问题等,如果事先不充分沟通,会议当场是很难解决的。

(二)与会者的注意事项

除了会议筹办者和主持人需要懂得开会的技巧外,与会者也需要了解开会的一些基本知识和规则。与会者除了要尽量配合和听从会议筹办者和主持人的安排外,还有以下两个方面需要注意。

(1)学会发言。会议发言有正式发言和自由发言两种,前者一般是领导报告,后者一般是讨论发言。正式发言者,应衣冠整齐,走上主席台应步态自然,刚劲有力,体现一种成竹在胸、自信自强的风度与气质;发言时应口齿清晰、讲究逻辑、简明扼要。如果是书面发言,要时常抬头扫视一下会场,不能低头读稿,旁若无人。发言完毕,应对听众的倾听表示谢意。

自由发言则较随意，但要注意，发言应讲究顺序和秩序，不能争抢发言；发言应简短，观点应明确；与他人有分歧时，应以理服人，态度平和，听从主持人的指挥，不能只顾自己。

如果有会议参加者对发言人提问，应礼貌作答，对不能回答的问题，应机智而礼貌地说明理由，对提问人的批评和意见应认真听取，即使提问者的批评是错误的，也不应失态。

与会者发言时要注意避免如下情形：发言时不可长篇大论，滔滔不绝；不可选用不正确的资料；不要尽谈些期待性的预测；不可做人身攻击；不可打断他人的发言；不可不懂装懂，胡言乱语；不要谈到抽象论或观念论；不可对其他发言者吹毛求疵。

（2）遵守会议礼仪与纪律。与会人员在出席会议时应当严格遵守会议礼仪和纪律，主要有以下内容：规范着装；严守时间；维护秩序；专心听讲；不中途离席。

五、会议沟通训练

【训练5-4】　　　会议沟通技巧测试

你在会议中是否具有以下行为？（根据你的会议表现，回答"是"或者"否"。）

1. 总是在会议开始前三天就已经安排了会议的日程并将会议议程通知给每位与会者。
2. 当与会者询问议程安排时总是回答："还没有定呢，等通知吧。"
3. 对于会议将要进行的每个议程都胸有成竹。
4. 会议开始前半个小时还在为某个议程犹豫不决。
5. 提前将每一个会议任务安排给相关的工作人员落实，并在会议前确认。

6. 临到会议前却发现还有一些设备没有安排好。

7. 预先拟订参与会议的人员名单，并在开会两天前确认关键人物是否出席。

8. 自己也忘记了邀请哪些人出席会议，会议开始前才发现忘记了邀请主管领导参加会议。

9. 会议时间安排恰当，能够完成所有的议题。

10. 会议总是有一些跑题。

11. 会议布置恰当，与会者觉得舒适又便于沟通。

12. 会议室拥挤不堪，大家盼望早点结束会议。

以上12个问题，你如果选择了题目中题号为单数的行为表现，请给自己加一分；如果选择了题目中题号为双数的行为表现，请给自己减一分。

看看自己的最后得分：3~6分，表示你的会议沟通技巧还是值得称道的，继续保持；0~3分，表示你的会议沟通技巧也不错，不过需要改进；低于0分，表示你的会议沟通技巧真不怎么样，赶快努力！

第四节 职场沟通技巧

一、非语言沟通

非语言沟通作为沟通活动的一部分，在完成信息准确传递的过程中起着重要的作用。据研究，在沟通中，55%的信息是通过面部表情、形体姿态和手势传递的。

非语言沟通在交际活动中的作用非常大，能使有声语言表达得更生动、更形象；也能更真实地体现传递者的心理活动状态；另外，许多用有声语言所不能传递的信息，通过非语言沟通却可以有效地传递。

身体语言也叫人体语言，有时称无声语言。据权威人士研究发现，在面对面人际交往所传递的信息量中，言语本身只占7%，38%出自语言语调，55%来自身体动作。

（一）面部表情

无论是轻松还是紧张，高兴还是生气，喜还是忧，都会挂在脸上。同意时人们会微笑点头，疑惑时人们会眉头紧锁。

积极的面部表情是真诚的、友善的；自信的表情会让人觉得充满希望，活力十足，富有魅力；消极的面部表情则是冷淡或面无表情，头转向别处，还有冷笑、轻蔑地笑、撇嘴、噘嘴等。

嘴巴是说话的器官，也是摄取食物和呼吸的器官之一，他有吃、咬、吸、吮、舐等多种动作形式。这些动作形式也可传达丰富的情绪信息。抿住嘴唇往往表示为意志坚决，如果抿紧嘴唇且避免接触他人目光，可能表明他心中有某种秘密，此时不想暴露。嘴自觉地张着，呈现出倦态疏懒的模样，说明可能对自己所处的环境感到厌烦。撅着嘴是不满意和准备攻击对方的表示。注意倾听对方谈话时，嘴角会微微向上拉。遭到失败时，咬嘴唇是一种自我惩罚的动作，有时也表明自我嘲解的内疚的心情。不满和固执时，往往嘴唇下拉。

（二）眼神

眼睛是心灵的窗户，眼神在面对面沟通中有极重要的功能。眉目传神，目光中能折射出你的内心世界，从目光中可以看出你的友善、你的关注、你的迷惑不解和你的愤怒。

心理学家海斯在《暴露真情的眼神》一书中说道，在人类所有的沟通信号中，眼神是最能说明问题、最准确的信号。人的目光与表情是相一致的，但是有时眼神与表情会出现分离。在这种情况下，透露人们内心真实状态的有限线索是眼神，而不是表情，因为表情是可以伪装的。

专注的目光表示对对方的尊重，表示仔细倾听；而东张西望表示心不在焉;眼望天花板,或看地面表示对对方的谈话不感兴趣。在一定的光线条件下,瞳孔会随着人们的态度和情绪的变化而放大或收缩。当人们激动或兴奋时,他的瞳孔可能比平常扩大四倍。当人们生气、情绪不好的时候,瞳孔可能收缩成为人们通常所说的"蛇眼"。

斜视既可以表示感兴趣,也可以表示敌意。当他同眉毛微微竖起或者同微笑结合在一起时,它表达的是感兴趣,常常被用来作为求爱的信号;当他被皱眉、眉毛下垂或嘴角下垂结合起来时,则反映了怀疑、敌对或者批评性的态度。

（三）身体动作

用手势可以传达各种信息,还可以表达你的内心情感,如站在路边对出租车一招手,司机就明白你要打车。

（1）手的姿势。双手攥在一起表示失望、消极的态度。这种手势有3种姿势：举在面前、放在桌面上或站立时放在大腿前。其中,手举得越高,失望的程度越大。指尖相碰两手指尖合拢,形成一种"教堂尖塔"式的手势。这是一种有信心的动作,有时也是一种装模作样、妄自尊大、独断而又傲慢的动作。做出这种姿势的人,所说的话,都是十分肯定的。用手捂嘴、拇指抵住下巴、触摸鼻子、揉眼睛、揉耳朵、拽领口,这些往往是撒谎的明显姿势（有些人用假咳嗽来代替这些姿势）。搓手往往表达一种美好的期待。

把手指放在嘴里（或者香烟、烟斗、笔）经常表示面临压力,需要安慰。把手放在面颊上往往是对谈话者感兴趣的评价。把手放在面颊上,并用手掌根部支撑头表示失去兴趣,已厌烦。食指垂直指向面颊,拇指支撑下巴表示对讲话人不满,或持批评态度。拍头表示遗憾、自责,拍打前额或后颈表示自责的程度不同,后者的情感成分更为强烈。双手交叉放在脑后显示自信和优越感。

（2）臂和腿的姿势。双臂交叉着横抱在胸前是一种保护自己身体的弱点部位、隐藏个人情绪以及对抗他人的姿态,这是防卫抗拒的信号,甚至是带有敌意的暗示。部分地交叉着手臂(一只胳膊从身体前面伸过去握住另一只胳膊)一般用来掩饰自己的紧张情绪,另外在身前双手相握也是同一个意思。

双手叉腰代表信心、能力和进行控制的决心。当心中不安,或想拒绝对方时,一般人常将手或腿交叉,这是在无意识中企图保护自身的心理表现和不让他人侵犯自己势力范围的防御姿势。而人在紧张或压抑自己的强烈情感时,不自觉会采取交叠脚踝的姿势。

(3)坐姿和站姿。一般坐下时身体略微倾向交谈的对方,并伴随着微笑、注视,这种坐姿代表热情和兴趣;就座时微微欠身表示谦恭有礼;相反就座时身体后仰则是若无其事与轻慢的表示;就座时侧转身子表示厌恶和轻蔑。

双方交谈时端坐微向前倾代表认真倾听,李商隐的诗句"可怜夜半虚前席,不问苍生问鬼神。"所描述的就是这种前倾的交谈姿势。

站立时习惯把双手插入裤袋的人往往城府较深,不易轻易向别人表露内心的情绪,性格偏于保守、内向,凡事步步为营,警觉性极高,不肯轻信别人。站立时习惯把一只手插入裤袋,而另一只手放在身旁的人性格复杂多变,有时会很容易与人相处,能推心置腹,有时则冷若冰霜,对人处处提防,为自己筑起一道防护网。站立时不能静立,不断改变站立姿势的人可能性格急躁,身心经常处于紧张状态,而且不断改变自己的思想观念,在生活方面喜欢接受新的挑战,是一个典型的行动主义者。

总之,人体语言同其他语言一样包括"词"、"句子"和"标点符号"。每个姿势就像是一个独立的"词",而每个"词"在不同的"句子"里的含义是不同的,只有把这个"词"放在一个具体的"句子"中时,才能完全理解它所表达的意思,所以在"阅读"时要注意联系。

比如说,一个人在笑,那表示什么呢?如果单从"笑"这一动作来看，他表示着内心的愉悦。但我们再看他身上的其他动作，发现他的手臂和腿部有点紧张，甚至连整个身体也好像是在逃避一种不愉快的处境而扭动着。那么，把这一系列的姿态组合起来分析，你就可能得出一个较合乎情理的结论：他的笑，绝不是愉快的反应，相反，这种笑对他来说很可能是某种不愉快的原因所造成的。

另外，身体的同一种姿态，有时候在某个场合没有任何意义，然而到了另一个场合却具有特殊意义。例如，在跟他人谈话时，随着讲话而不时微微皱一下眉头，是一种烦恼的表示；在读书或写作时，微微地皱眉又变成了专心致志的表示。所以单看面部的表情，并不能得到正确的含义，只有把这个人当时的活动以及他所处的场合联系起来，才能得到正确的解释。又比如，一个人双臂交叉着横抱在胸前，表示拒绝，防御；但你如果在寒冷冬天的车站看到这样一幅情景，那是因为他冷。

（4）声音。与语言相伴随的有声的暗示信息，包括说话的音量、音调、速度和重音这些声音的特点。据研究者估计，沟通中38%的含义受这种有声暗示的影响。

音调指声音的高低（就像钢琴上弹奏出的高低音符那样）；音量指声音的轻重；语速是人们说话的速度；重音是句子中要强调的一个词或一组词，强调的部分不同，意思可以相差很远。

一般来说人们会通过声音变化表达情绪。例如，表示气愤时，声音大、音量高、音质粗哑、语速快；而表示爱慕时则音质柔和、低沉、语速慢；表示自信的声音有节奏、坚定、斩钉截铁。

二、与不同群体沟通的技巧

职场中的沟通普遍存在，掌握与不同群体的沟通技巧有利于促进沟通的顺利进行。

（一）与上级沟通的沟通技巧

（1）与上级的沟通原则。与上级沟通有三个原则：一是尊重上级，尊重是与上司沟通的前提。尊重领导是心理成熟的标志，但尊重不是盲目的顺从，尊重领导来源于思想认识上的一致，也包括情感上对上级言行、风格和处事方式的认可。尊重是人与人之间平等关系的体现，但一味迎合和奉承是不健康的人际关系。二是踏实做好本职工作，这是和上级沟通的基础。三是有正确的个人定位，能正确认识个人在组织和团队中的作用。

（2）与上级沟通的技巧。首先，要了解上级的个性与工作作风。从领导作风来分类，可以把领导分为专制型、民主性和放任型三种。无论上级属于哪一种作风，个人都应该调整自己的认识和态度，适应上级。同时上级的需求及其喜好也会对职场沟通产生影响。

其次，树立与上司沟通的意识。和领导的沟通过程应该有强烈的沟通意识，具体就是要多请示和汇报。由于员工和上级所处位置的不同，导致在面对同一问题时立场不同、角度不同，因此看法也会有较大差异，往往上级在遇到问题时的考虑更加宏观和全面，因此在遇到问题时，就需要多请示、多汇报，多征求上级的意见以便更好地完成任务。

再次，要学会巧妙地向上级提意见。直接否定和批驳上司的意见是对领导权威的挑战，正确的做法是有策略地和领导进行私下沟通，或是以试探、征询、引导的方式向领导建议，聪明的下属往往是向领导提供资料和提出不同的方案供领导做出决策。

最后，必要时也要说"不"。职场中有些情形下要学会说"不"，例如当工作安排远远超出个人能力时，不要勉强答应，以免陷入更大的困境。不过，对上级说"不"要讲求方式和方法。

（二）与同事沟通的技巧

（1）以诚相待，平等对待同事。沟通贵在真诚，对职场中的同事应以诚相待。无论是职场前辈还是职场新人，都应该一视同仁，平等地对待每位同事。另外同事之间还要互相帮助，当同事遇到困难时要真诚地提供帮助。

（2）灵活表达个人观点。当与同事意见相左，或者看到同事有明显错误时，如果无伤大雅或不关原则，大可不必斤斤计较。如果确有必要指出，可以考虑时间、地点和对方的接受能力，委婉地指出来。沟通中的语言方式至关重要，以不伤害他人为原则，多用幽默的、委婉的语言，不用斥责的语言、呆板的语言。谨记直言伤人。

（3）对同事要宽容。世界因多元而精彩，要宽容地对待工作中的差异。宽容就是尊重个性，不强求千篇一律。在职场中就是要主动适应别人的性格特点，容忍别人和自己见解、观点的差异，体谅他人的处境。宽容他人就是善待自己，有时候要学会"不用他人的错误惩罚自己"，宽容能够化解矛盾，消除冲突。

（4）真诚地赞美同事。对同事的进步和变化要及时关注、适当赞美，要从内心出发去欣赏他人、接纳他人。在职场中以真诚的赞美和同事进行沟通，不仅是自我修养的一种表现，也是对同事工作业绩和变化的最好肯定。

（5）经常联络同事。许多人可能会忽视职场中和同事之间的联络，有些只在有事情的时候打个电话、发个邮件。职场沟通贵在真诚，空闲的时候给同事发个邮件、打个电话，不仅拉近了相互之间的距离，也有助于增进同事之间的感情。

（6）注意与同事沟通的禁忌。与同事沟通要学会尊重别人的隐私，切忌背后打小报告，绝不能把同事的秘密当作取悦别人或者排挤对方的手段。同事在职场中也忌把所有的责任揽到自己身上，任何人都不是超人，公司也不要求一个人解决所有的问题，因此面对无法完成的任务时要委婉地说"不"，说出自己的苦衷比随意承诺而无法完成任务更受人尊重。最后，和同事交朋友一定要慎重，和朋友关系过于亲密就容易让彼此有过高的期望，同事之间带着这种感情工作，有时候反而对工作不利；另外，和同事之间的友谊可能会因为工作竞争或者利益关系而更脆弱，更容易受伤，因此和同事交朋友要谨慎。这并不是说要排斥友谊，而是要遵守同事之间的游戏规则。

(三) 与客户沟通的技巧

(1) 关注客户的需要。与客户沟通的核心是要了解客户的需要。沟通能发现客户的需求,才能为客户提供高效的服务。实际中可以通过倾听来了解客户,倾听不仅是听客户说话的内容,更重要的是体会客户说话的目的和原因,从客户说话的时机、语音语调中体会客户所要表达的真正含义。还可以通过提问来了解信息,发现客户的需要。

(2) 以积极的态度准备与客户的沟通。很多员工在沟通之前就忧心忡忡:如果客户拒绝怎么办?如果沟通不成功怎么办?实际上越是忧虑,沟通就越容易出现问题,消极情绪是会传递给客户的,以消极的心态去沟通当然无法达到沟通目的。

与客户沟通应该保持积极的态度,在沟通前应做好充分准备,分析沟通中可能遇到的问题并事先准备好应对措施,同时还要熟悉产品和服务知识,只有对产品和服务的特征有了充分了解,才能充分有效地解释、回答客户提出的各种产品问题。

(3) 热情是打动客户的关键。热情是有效沟通的关键,冷漠是失败的开始。员工对公司和产品的热爱程度将影响客户的看法。优秀的职场人士之所以能够成功,就在于他们在任何时候、任何情况下都对自己的企业和产品抱有感染人心的热情。

(4) 与客户沟通中避免说禁忌语。与客户沟通中要避免说一些禁忌语,例如避免说"我不知道""不行""那不是我的工作""我无能为力""你的要求太过分了""这事应该请示我们领导",建议委婉地表达自己的想法,例如说"稍等,我帮您联系负责此事的人""我想做的是……""这件事情可以请某某来帮忙""我理解您的苦衷""我们会尽力的""我请示一下领导,看看这件事情应该怎么做"。

(5) 注意与客户沟通的具体细节。细节决定成败,只有注重细节,才能更好地服务客户。

①与客户沟通的五点注意事项
- 准时。
- 言而有信。
- 承诺要留有余地。
- 给予客户选择的机会。
- 对客户的想法表示理解。

②接待客户有"九避免"。
- 避免说"我不知道",应该说"我想想看"。
- 避免说"不行",应该说"我想做的是……"
- 避免说"那不是我的工作",应该说"这件事可以由××来帮助您"。
- 避免说"我无能为力",应该说"我理解您的苦衷"。
- 避免说"那不是我的错",应该说"让我来看看该怎么解决"。
- 避免说"这事您应该找我们领导说",应该说"我请示一下领导,看这事该怎么办"。
- 避免说"你要求太过分了",应该说"我会尽力的"。
- 避免说"你冷静点",应该说"我很抱歉"。
- 避免说"你再给我打电话吧",应该说"我会再给您打电话的"。

③商业机构不当的无声语言及标识。

以下商业机构的无声语言是不当的。
- 把停车场设在离接待处最远的地方,自己方便了,客户不方便。
- 接待处无人或上锁。
- 接待处没有座位。
- 顾客排长队,而只安排少量人慢腾腾地服务。
- 顾客按约定时间来到,却无人接待、无人听说过。
- 无人负责给顾客回信,等等。

以下商业机构的生硬标识，意思是"你太麻烦了，你不受欢迎"。

- 禁止倚靠。
- 禁止触摸。
- 禁止拍照。
- 不收信用卡，不收支票，概不退款。
- 不准带包入内。
- 不准搬动椅子。
- 售出商品概不退换。
- 营业场内不准吃东西。

④如何应对"难以对付的客户"。

- 顾客怒气冲冲，很可能是因为他们的需要没有得到满足。
- 仔细、耐心倾听并理解顾客讲的话是解决问题的关键。
- 如果不设身处地地体谅顾客，就难免会有麻烦。
- 耐心向顾客介绍产品知识，使他们打消顾虑和不满。
- 解决问题的办法很多，你应该找到一个令顾客满意又不使公司利益受损的办法。
- 你不能做到令所有顾客都满意，但你可以尽量同他们协商。

三、职场沟通技巧训练

【训练 5-5】　　上司与下属的沟通训练

上司与下属考虑问题的角度永远不一样，学会换位思考可以帮助我们更好地理解他人，也有利于更好地理解工作任务。本训练的目的是培养学生从不同的角度思考问题。

1. 训练规则和程序。

首先，邀请两位同学扮演企业内的上司与下属。

其次，请两位扮演者分别站在一张办公桌的两边，并按照附件中的文字展开对话。注意：两位扮演者应事先熟悉附件材料，并将附件材料尽可能模拟成职场中的沟通过程。

最后，组织全班同学进行讨论，并由教师就训练活动和学生发言进行点评。

2. 相关讨论。

（1）请在附件表格中填写上司与下属对对话内容的不同理解。

（2）为什么上司与下属对对话内容会有不同的理解？产生这些差异的原因是什么？

（3）作为优秀的下属，应该如何回答上级的问题？

（4）优秀的上司会对员工产生哪些影响？在与员工沟通时应该注意哪些问题？

（5）员工的思路会受到哪些方面的影响？

3. 总结与提升

（1）要求下属天生具备与上司相同的思维方式是不可行的。

（2）下属的表现可以因为上司的影响而改变。

（3）下属的不积极态度是我们很多人工作中的常态，人本身就具有惰性，同时也不愿意在团队中承担不应该承担的责任，很多职场人士奉行"事不关己，高高挂起"的原则，事实上这样做对个人和团队发展都是不利的。引导团队成员讨论下列问题：如何培养团队中的主人翁心态和责任意识。

4. 附件

参考表 5-6 练习上司与下属的沟通训练。

表 5-6

角色	对话内容	双方的不同理解	
上司	你认为多久能完成这个计划书？	上司	（举例）我请你参与决策。
		下属	（举例）你是老板，你为什么不直接告诉我。

续表

角色	对话内容	双方的不同理解	
下属	我不知道,您认为需要多久?	上司	
		下属	
上司	你自己应该清楚要多久?	上司	
		下属	
下属	我需要一个月。	上司	
		下属	
上司	半个月怎么样?半个月内把计划书交给我	上司	
		下属	
下属	(自言自语)15天是不可能完成这个计划书的,我已经多次加班了,但仍然完成不了……	上司	
		下属	
上司	去把计划书拿给我!	上司	
		下属	
下属	经理,这是我的辞职报告!	上司	
		下属	

【训练 5-6】　　　　与同事的沟通能力评估

请选出你在面对下列情况时的做法。

1. 面对同事的缺点和错误,你会(　　　)

A. 委婉沟通,引导其自己发现

B. 直言相告

C. 和自己毫无关系,置之不理

D. 当面不说,事后和别人说起

2. 发现同事的优点或者当同事取得了成绩时,你会(　　　)

A. 及时赞美和祝福

B. 非常关心,要向他学习

C. 羡慕

D. 嫉妒

3. 当有同事在你面前说别人的坏话时，你会（　　）

A. 只倾听，不传话

B. 当面制止

C. 当面制止并指出对方缺点

D. 当面不说，背后告诉受诋毁的人

4. 请求关系很好的同事帮忙时，你会（　　）

A. 礼貌、委婉地表达

B. 有外人在的时候礼貌，单独时直接

C. 都是直接说

D. 命令的口吻

5. 参加老同学的婚礼回来，你很高兴，而你的朋友对婚礼细节很感兴趣，这时你会（　　）

A. 详细叙说从进门到离开所看到的和感受到的所有细节

B. 说些自己认为重要的细节

C. 朋友问什么就说什么

D. 感觉很累了，没什么好说的

6. 公司派你和另一个不爱讲话的同事乘长途汽车去另一个地方出差，路上需要花费10个小时，在路上你会（　　）

A. 试图了解同事，找出他感兴趣的话题

B. 主动沟通，找出共同话题

C. 和他交谈，谈谈自己的感受

D. 看书、睡觉或吃东西

7. 你刚就职于一家公司的某部门经理，上班不久就了解到，公司有几个同事都曾竞聘部门经理职位，后因某种原因改为外部招聘才使得你有机会入职上任。对于曾竞聘的那几位同事，你会（　　）

A. 主动认识，了解他们的长处，争取成为朋友

B. 不理会这个问题，做好自己的工作

C. 暗中打听他们，了解他们是否具备与你竞争的实力

D. 暗中打听他们，找机会为难他们

8. 与不同身份的人讲话，你会（   ）

A. 不分场合，用一样的态度和他人讲话

B. 在不同场合，会用不同的态度与对方讲话

C. 对身份高的人说话，总是有些紧张

D. 对身份低的人说话，总是漫不经心

9. 听别人讲话时，你总是会（   ）

A. 对对方的讲话表示感兴趣，记住对方所讲的要点

B. 请对方说出问题的重点

C. 对方讲没必要的话时，你会立即打断他

D. 对方不知所云时，你会很烦躁，会去想或者做其他的事

10. 当你在发表自己的看法而别人却不想听时，你会（   ）

A. 仔细分析对方不听的原因及自身方面的原因，找机会换个方式说

B. 等等看还有没有说的机会

C. 对方不想听就不说了，但是很生气

D. 马上气愤地离开

11. 当你和同事出现误会时，你会（   ）

A. 主动及时找对方沟通，消除误会

B. 通过第三方协调，消除误会

C. 等候对方找自己消除误会

D. 怀恨在心，找机会给对方点颜色看看

12. 当你进入一家新公司时，你会如何认识新同事（   ）

A. 找机会主动介绍自己，认识每一个人

B. 积极认识本部门的人

C. 在工作中慢慢熟悉

D. 等待别人来认识你

测试结果分析：

以上问题选 A 得 3 分，选 B 得 2 分，选 C 得 1 分，选 D 得 0 分。

得分在 28 分以上，表示你与同事的沟通能力很好，请继续保持或进一步提升；得分在 18～28 分之间，你与同事的沟通能力一般，请努力提升；得分在 18 分以下，你与同事的沟通能力非常弱，需要立即采取措施提升。

本章小结

沟通是职场最重要的技能之一。语言沟通是借助语言展开沟通，主要包括面谈沟通、书面沟通和电话沟通。这三种沟通方式在现代职场都非常常用，因此掌握语言沟通技巧对职场人士非常有必要。各种沟通方式均有其优缺点，还需要掌握不同沟通方式的沟通要点。

演讲也称为演说或讲演，它是人们用口头表达方式阐明道理的一种交际形式。提高演讲技巧可以从演讲稿写作入手，同时掌握演讲的技巧，并注意演讲中容易遇到的问题，另外也可以多进行演讲训练，通过实践来提高演讲能力。

会议沟通是一种常见的、成本较高的沟通方式，常用于解决较重大、较复杂的问题。为了提高会议沟通的效率，会议前应做好相关准备：安排好会议的议题、议程、与会者名单以及现场的布置。会议的开场、会议期间的掌控和会议结束后的工作也是会议沟通需要注意的问题。另外会议主持人和参加人员也应遵循相关会议规则，提高会议效率。

非语言沟通在信息准确传递的过程中起着重要的作用。实际沟通中应关注面部表情、眼神和身体动作所表达的丰富含义，学会正确运用并能在沟通中正确理解。与上级、同事和客户沟通有不同的侧重点，应掌握与不同群体的沟通技巧。

第六章
倾听

知识目标：
1. 了解倾听的含义和作用。
2. 掌握倾听的障碍及倾听过程中的禁忌。
3. 能够运用倾听技巧并学会有效地倾听。

能力目标：
1. 分析自我倾听能力找出存在的不足。
2. 培养良好的倾听习惯。

会说话是一种才能，会倾听则是一种修养。自然界赋予人类一张嘴巴和两只耳朵，就是要我们多听少说，在与人沟通中，倾听与说话一样重要。

倾听是一种姿态，是一种与人为善、谦虚谨慎的姿态，这种姿态能使人海纳百川、虚怀若谷。倾听是理解，是尊重，是接纳，是分担痛苦，是分享快乐，它的意义远不止是给对方一个表达意见的机会，它实际上是放下姿态，用温暖的笑脸去面对说话者，加强彼此的沟通，获得对方的尊重与信任。

第一节 了解倾听

职场中因为不了解倾听或者不会倾听而出现很多误会的情形比比皆是,以下是一个关于倾听的案例。

王经理意识到他的秘书李丽近来工作负担很重,想要减轻她的工作负担,于是把李丽叫到了办公室,有了如下的谈话:"近来你的工作任务很重,所以我想把客户回访的事交给小马去做,你看怎么样?"

李丽听到以后的第一反应是:上司认为她工作能力不强,无法承受现在的负荷,她觉得受到了伤害,感到很委屈。但是她又不想让上司知道自己的这种想法,然后勉强挤出一丝微笑,说了声:"谢谢。"上司以为李丽理解了自己的意思,而且会很感激他做出的安排。

交谈沟通的过程,实际上就是语言符号表达和解读的过程,有效地解读来源于准确理解对方的信息。在上面的案例中,交谈双方并没有"听懂"对方话语中的真正含义,以致出现误会。在沟通过程中,常常出现的曲解、误解甚至不解,都是不了解倾听障碍的表现。在交谈中,我们真的"听懂"了吗?

一、倾听的含义

倾听不单纯是凭借听觉器官接受语言信息的过程,还包括借助思维达到认知、理解事物的全过程。国际倾听协会对倾听的定义是:"接受口头信息和非语言信息,确定其含义并对其做出反应的过程。"

(一)倾听的三个层次

(1)听见。听见是最低层次的听,也就是当别人说话时,我们听见了声音、听清楚字句并理解其语言的字面含义,实现对语言信息的理解。听见忽略了大量的非语言行为因素,因此听见有时候是一知半解的,是没有抓住关键信息的。

（2）听记。听记是中级阶段的倾听，是在听的过程中记忆或者记录有关关键信息，它实现了对附加语言信息的把握。听记过程中通过对语气、态势语言的把握和观察，掌握说话者的附加含义和真实语义，能够听懂说话者的言外之意和真实意图。

（3）听辨。听辨是最高阶段的倾听。倾听者通过积极的态度和正确的倾听方法，对说话者进行全方位的观察分析，进而把握和理解其观点与态度的主客观成因，实现对话语的原委的综合理解。听辨达到了倾听的最佳境界。

（二）倾听的作用

（1）倾听是信息的重要来源。缺乏经验的人可以通过倾听来弥补自己的不足，富有经验的人可以通过倾听使工作更出色，善于倾听各方的意见有利于做出正确的决策。美国《幸福》杂志对500家公司进行的一项调查发现：59%的调查者表示他们对员工提供了倾听方面的培训。研究表明，多数公司的员工把60%的时间花在倾听上，而经理们平均把57%的时间花在倾听上。

（2）倾听有利于知己知彼。通往别人内心世界的第一步就是认真倾听。在陈述自己观点之前先让对方畅所欲言，让对方充分表达自己的观点，就能真正了解对方的需要和想法，从而可以有的放矢，找到说服对方的关键。

（3）倾听有利于获得友谊和信任。倾听是礼仪和修养的体现。真正的沟通高手不是因为自己具有雄辩的天才，而是因为具有聆听他人谈话的耐心和技巧。在与人交谈的时候，认真聆听，对对方的话题表示出浓厚的兴趣，实际上是对对方最大的尊重。

二、倾听的障碍

要想真正做到有效倾听，就要先了解哪些因素会干扰倾听，进而找出解决的办法。影响倾听的因素很多，按其来源可以分为主观障碍和客观障碍。

(一) **主观障碍**

倾听的主观障碍具体表现为：随意打断对方讲话，以便讲自己的故事或提出意见；没有和对方进行目光交流；任意终止对方的思路，或者问了太多的细节问题；催促对方，同时接打电话、写字、发电子邮件等。

研究发现，在沟通过程中，造成沟通效率低下的最大原因在于倾听者本身。研究表明，信息的失真主要是在理解和传播阶段，容易导致倾听障碍的主观因素具体如下。

首先是倾听者过于自我。人们习惯于关注自我，总认为自己是对的。在倾听过程中，过于关注自己的观点，喜欢听与自己观点一致的意见，对不同的意见置若罔闻，这样就会错过聆听他人观点的机会。

其次是倾听者已有的偏见。先入为主有巨大的影响力，如果你臆想某人愚蠢或无能，你就不会对他（她）说的话给予关注。

再次是倾听者急于表达自己，说服对方。许多人认为只有说话才是表达自己、说服对方的唯一有效方式，若要占据主动便只有说。在这种思维指导下，人们容易在他人还未说完的时候，就迫不及待地打断对方。

巴顿将军为了显示他对部下生活的关心，搞了一次参观士兵食堂的突然袭击。在食堂里，他看到两个士兵站在一个大汤锅前。

"让我尝尝这汤！"巴顿将军向士兵命令道。

"可是，将军……"士兵正准备解释。

"没什么'可是'，给我勺子！"巴顿将军拿过勺子喝了一大口，怒斥道，"太不像话了，怎么能给战士喝这个？这简直就是刷锅水！"

"我正想告诉您这是刷锅水，没想到您已经尝出来了。"士兵答道。

最后是倾听者急于结束谈话。如果你注意力不集中，那么你只会把一部分注意力放在倾听上；如果你觉得对方的话很无聊或让你感到不自在，你可能会改变话题或者讲笑话,终止对方谈话的思路。

(二) 客观障碍

主观因素会对倾听产生障碍,客观因素也会对倾听有影响。倾听中的客观障碍的情况,请看表6-1中的内容。

表6-1 倾听中的客观障碍

环境类型	封闭性	氛围	主观障碍源
办公室	封闭	严肃认真	心理负担、紧张、电话干扰
会议室	一般	严肃认真	对在场的他人顾忌、时间限制
现场	开放	较认真	外界干扰、事前准备不足
谈判	封闭	紧张投入	对抗心理、想说服对方
讨论会	封闭	轻松投入	缺乏洞察力
非正式场所	开放	轻松散漫	外界干扰、易走题

三、倾听的禁忌

(一) 不要假装在听

与人沟通时不要假装在听,要真正做到耳到、眼到和心到。有些人在听的时候,看起来在听,实际上并没有集中注意力倾听;或者以沉默代替倾听,尽管保持了安静,但是并没有听到说话人的意思。倾听是"hear",不是"listen"。光听是不够的,听见更重要。

(二) 不要以高高在上的态度去倾听

职场中经常会出现不平等的沟通,有些人喜欢摆架子,喜欢以自己的经验给对方提供忠告。很多上司在与下属沟通的时候,最容易出现这个问题。本来上司和下属之间就存在地位、身份上的差距,有些做上司的还有意无意地扩大这种差距效应,导致下属在上司面前唯唯诺诺,有话不敢讲,影响了上下级之间的顺畅沟通。试想在一个面积将近一百平方米的办公室里,老板坐在宽大的办公桌后面,下属隔着办公桌坐在窄小的椅子上，如何有效地开展沟通呢？

在职场当中，无论是上司与下属之间，还是同事之间，心不在焉、摆架子等的倾听态度都应当避免。职场中应当采取平等的沟通方式以达成良好的沟通效果。

（三）不要自以为是或者先入为主

倾听过程中不要轻易下结论，也不要根据自己的行为动机来衡量别人的行为动机。对于一个问题，当人们已经有了自己的想法和见解的时候，就很容易关上自己的心门，不愿意甚至拒绝别人的意见。倾听要摒弃自以为是，应该耐心冷静地听下去。

先入为主也是偏见思维。沟通的一方如果对另一方有成见，就无法实现顺利沟通。比如，上级先入为主地认定一个下属的能力不足，即使这位下属有一个很不错的想法也很难被上司听进去。

（四）避免做价值判断

倾听是获取信息的重要方式，也是赢得友谊和信任的途径，不是每一次倾听都要做出价值判断，有时候我们的倾听只是为了给他人提供一个倾诉的机会，并不一定要对对方的倾诉内容做出价值判断。当然，以自己的态度和立场也很不一定能对他人的问题做出恰当的价值判断。

四、倾听能力评估

（一）倾听习惯评估

请结合自身情况客观回答以下问题，答案为：A. 总体不符合；B. 一般不符合；C. 偶尔不符合；D. 一般符合；E. 总是符合。请选出最符合自己习惯的答案。

(1) 在倾听他人谈话时，我很难区分清楚重要和次要的观点。

(2) 在倾听时，我注意检查那些与自己了解到的不一样的信息。

(3) 在倾听时，我不知道别人在说什么。

（4）在倾听时，我敏于体察他人的情感。

（5）在倾听时，我在考虑下一步要说什么话。

（6）在倾听时，我关注自己与他人之间的沟通过程。

（7）不等他人讲完话，我就表明自己的观点。

（8）当与他人沟通时，我尽力去理解那些被创造出来的含义。

（9）我注意观察别人是否理解我的话。

（10）当我不确定别人的意思时，我会请他详述。

评估结果结论如下：总体不符合打1分；一般不符合打2分；偶尔不符合打3分；一般符合打4分；总是符合打5分。

问题（1）、（3）、（5）、（7）、（9）项反向计分，即A得5分、B得4分、C得3分、D得2分、E得1分；问题（2）、（4）、（6）、（8）、（10）正向计分，即A得1分、B得2分、C得3分、D得4分、E得5分。

计算自己的总得分，分数越高，表示倾听习惯越好。

（二）倾听主观障碍自我测试表

表6-2是一个倾听主观障碍的自测表，请如实回答。如果绝大多数回答是"否"，那么你是一个良好的倾听者；如果相反，请尽可能地去克服倾听中存在的主观障碍。

表6-2

倾听主观障碍	具体表现	判断
懒惰	你是否会不愿听一些复杂困难的主题	是 否
	你是否不愿听一些费时的内容	是 否
封闭思维	你拒绝维持一种轻松、赞许的谈话气氛吗	是 否
	你拒绝与他人观点发生关联或从中受益吗	是 否
固执己见	是否在表面上或者内心里与发言者产生争执	是 否
	当发言者的观点与你有分歧时，你是否表现得情绪化	是 否
缺乏诚意	在听讲时，你是否避免眼神接触	是 否
	你是否更多地关注说话人所说的内容而不是他（她）的情感	是 否

续表

倾听主观障碍	具体表现	判断
厌烦情绪	你是否对说话的主题毫无兴趣	是 否
	你是否总对说话者不耐烦	是 否
用心不专	在听讲时,你是否做着白日梦,或者想着别的事情	是 否
	你是否被机器、电话、别人的谈话等噪声分心	是 否
思维狭窄	你是否专注于某些细节或事实	是 否
	你是否拼命想理出个大纲来	是 否

(三) 倾听能力测评

作为一个倾听者,你的倾听在多大程度上有效呢?在表6-3所示的每一个因素中,勾出最能代表你倾听能力的得分,使你对其中每一个因素得出一个量的评价。

(1)测试问题。测试问题如表6-3所列。

表6-3

1. 倾听他人的情感,而不仅仅是他(她)所说的内容	7	6	5	4	3	2	1	0
2. 释义他人所说的	7	6	5	4	3	2	1	0
3. 不打岔	7	6	5	4	3	2	1	0
4. 思想开放,尽管你认为与他人的某些观点不一致	7	6	5	4	3	2	1	0
5. 牢记人们所说的	7	6	5	4	3	2	1	0
6. 愿意表达自己的情感	7	6	5	4	3	2	1	0
7. 即使认为自己知道对方接下来要说什么,也不接别人的话		6	5	4	3	2	1	0
8. 保持目光接触	7	6	5	4	3	2	1	0
9. 当别人说话时,不思考接下来要说什么	7	6	5	4	3	2	1	0
10. 为了获得更多的信息并显示出对对方所说的感兴趣,会向对方提问		6	5	4	3	2	1	0
11. 喜欢沉默	7	6	5	4	3	2	1	0
12. 了解他人的身体语言和自己的身体语言	7	6	5	4	3	2	1	0

(2) 评价标准。7 代表突出，6 代表极好，5 代表非常好，4 代表平均（好），3 代表比较好，2 代表不足，1 代表非常低，0 代表根本没能力。

请按得分的高低，自我判断自己是否是优秀倾听者，如果自己在这方面能力缺乏，请进行相应的训练。

(四) 沟通状态水平自测

通过以下的小测试，可以对自己的沟通状态水平有一个比较客观的认识。

(1) 测试问题。共有以下几个部分。

第一部分，测试的是被测者在沟通中倾听的态度，共有 5 个问题，见表 6-4。

表 6-4

倾听态度问题
1. 你喜欢听别人说话吗？
2. 你会鼓励别人说话吗？
3. 你不喜欢的人在说话时，你也会注意听吗？
4. 无论说话人是男是女、年长年幼，你都注意听吗？
5. 朋友、熟人、陌生人说话时，你都注意听吗？

第二部分，测试被测者沟通中的行为，共有 15 个问题，见表 6-5。

表 6-5

沟通中的行为
1. 你是否会目中无人或心不在焉？
2. 你是否注视说话者？
3. 你是否忽略了足以使你分心的事务？
4. 你是否微笑、点头以及使用不同的方法鼓励他人说话？
5. 你是否深入考虑说话者所说的话？
6. 你是否试着指出说话者所说的意思？

续表

沟通中的行为
7. 你是否试着指出他（她）为何说那些话？
8. 你是否让说话者说完他（她）的话？
9. 当说话者在犹豫时，你是否鼓励他（她）继续说下去？
10. 你是否重述他（她）的话，弄清楚后再发问？
11. 在说话者讲完之前，你是否避免批评他（她）？
12. 无论说话者的态度与用词如何，你都注意听吗？
13. 若你预先知道说话者要说什么，你也会注意听吗？
14. 你是否询问说话者有关他（她）所用字词的意思？
15. 为了请他更完整解释他（她）的意见，你是否会询问？

（2）标准评价。每一道测试题都有5个档次的评分标准。如果你认为测试的问题几乎总是在你身上发生，给自己打5分；常常发生打4分；偶尔发生打3分；很少发生打2分；几乎从不发生打1分。

（3）结论如下：

- 得分为90~100分，你是一个优秀的沟通者。
- 得分为80~89分，你是一个很好的沟通对象。
- 得分为66~79分，你是一个勇于改进、尚算良好的沟通者。
- 得分为50~65分，你在有效沟通方面还需要再训练。
- 得分为50分以下的人注意了，请你们用心去倾听、去和别人沟通，在沟通方面加强练习。

四、倾听训练

【训练6-1】　　　　　倾听习惯调查

表6-6所列的好的倾听者与差的倾听者的表现特征是美国倾听方面的研究者迈克尔·普尔迪对900名年龄在17~70岁的大学生和军队学员进行调查的结果。请按照表中内容与自己的倾听习惯进行对照训练，以训

练自己培养良好的倾听习惯。

表 6-6

好的倾听者	差的倾听者
适当使用目光接触	打断讲话者（不耐烦）
对讲话者语言和非语言行为保持注意和警觉	不保持目光接触（眼神游离）
容忍且不打断（等待讲话者讲完）	心烦意乱，不注意讲话者
使用语言和非语言表达来表示回应	对讲话者不感兴趣
用不带威胁的语气来提问	很少给讲话者反馈或没有反馈
解释、重申和概述讲话者所说的内容	改变主题
提供建设性的反馈	做判断
移情（起理解讲话者的作用）	思想封闭
显示出对讲话者外貌的兴趣	谈论太多
展示关心的态度，并愿意倾听	自己抢先
不批评、不判断	给不必要的忠告
敞开心扉	忙得顾不上听

【训练 6-2】　　倾听与反馈

体会"倾听"与"反馈"在沟通时产生的效果。

1. 规则与程序

3~4 人一组，每人轮流当说话者、倾听者与观察者，每人皆需轮流扮演 3 种角色，以体会每种角色的立场与感觉。

三种角色的任务如下：

说话者：在 5 分钟内主动引发各种话题。

倾听者：只扮演听与响应的角色，不主动引发任何话题。

观察者：不介入说话者与倾听者的对话，只负责观察两人的对话情形。

2. 相关讨论

每人轮流扮演过 3 种角色后，小组成员做经验分享，说话者与倾听者分享彼此的感受,观察者则说出所观察到的情形。

3. 总结

在人际沟通中,重要的并不只是把自己的意见、想法表达出来,也要用心倾听对方所传达的信息,如此才能真正达到双向沟通的目的。此种倾听的能力,是一种基本的沟通态度,也是一种可习得的技巧。

【训练6-3】　　　　　倾听中的误差

1. 规则与程序

(1) 将学员分成若干组,人数不限,但每组人数相同。

(2) 每组学员从前向后纵向排列。

(3) 培训师将不同的20~30字的一句话分配给每一组,从前面第一个成员开始,一对一用悄悄话(说话时,不能让其他成员听到)的方式依次向后面传话。

(4) 每组的最后一个成员将自己听到的那句话在全体学员面前复述。

(5) 结果证明,组员人数越多,误差越大。

2. 相关讨论

(1) 误差从何而来?

(2) 为什么会产生误差?

第二节　学会有效地倾听

一、有效地倾听

真正的倾听,指的是有效地倾听。

(一)"听"的几种类型

(1) 听而不闻。这种人心不在焉,别人讲别人的,自己想自己的。听和倾听的不同在于:听是与生俱来的能力,是人的听觉器官对声音的生理反应；而倾听则是一个主动参与沟通的过程。听而不闻的人只是在应付、敷衍了事，根本就没有在用心听，也不会给讲话者以交流、反馈，会让讲话者有被轻视和不被尊重的感觉。

（2）选择倾听。其特点是想听时才听，自己感兴趣就听，对方谈的与自己意见不同、自己不感兴趣时就不予理睬表示出厌烦情绪。有些人忽略了倾听对方的谈话，还会以"他讲的不重要"来自我安慰。但是不利用好这种花费最小、最直接、最方便的信息沟通方式，有可能以后会付出大的代价。

（3）专注式倾听。这种倾听方式较前面两种效率高，每句话都认真听了，但却只用耳朵听，没用心听，只关注了语言信息，而忽视了对方的情感，因而不能捕捉到对方表达的全部信息。

（4）有效倾听。有效倾听是真正主动参与沟通，聚焦讲话内容，把注意力从自己转移至讲话者，不带偏见，不做预先判断，积极反馈，使讲话者从你的参与中受到鼓励。

前三种"听"都是人们倾听的误区，而有效倾听则能捕捉完整的信息，注意对方身体语言和语调这些隐含信息，真实全面地理解讲话者的意见和需要，觉察他们所要表达的情感信息。

（二）有效倾听的三个层次

（1）排除干扰。干扰有三种：一种是噪声干扰，噪声干扰不仅仅指声音方面的干扰，还包括比如浓烈的香水味、过高的室内温度、夸张的服饰等。第二种是认知干扰，人们说话时总是根据自己的习惯来表达，或是认为自己比别人强，这就会影响听者的倾听能力。第三种是情绪干扰，大多数人在非常情绪化的时候无法做到主动倾听，激动的情绪会干扰主动倾听。

在倾听的时候，要排除干扰，做深呼吸，稳定情绪，不仅要听到对方所说的内容，还要听清楚对方所讲的中心思想，捕捉要点。

（2）身体参与、语言参与，适当回应。身体语言应该是积极开放的动作，如赞许地点头、关注的目光、对谈话感兴趣的表情等。

可以说"对，是这样，有道理"等，或说"你刚才说的是……""你的意思是……""这一点请再说一遍"，或提问"能举个例子吗？""后来怎么样？"

问题要简短，时机要恰当，必要时要做笔记。

（3）用同理心倾听。用同理心倾听就是要在倾听中保持思维的参与，要集中注意力，保持良好的精神状态去接收信息。不仅听，还要全神贯注地观察；善于归纳讲话者的语言及情感内容；理解而不是评价，认真思考但不是想着去挑毛病、想对策和考虑如何说服对方。

从讲话者那里接收到全面的信息，不要急于下结论。避免预先判断对方讲什么；不要让你的偏见影响全面、准确地接收信息；避免插话，让对方把话说完，不打断对方。

总结：同理心倾听是倾听的最高层次，出发点是为了"了解"而非为了"反应"，也就是透过交流去了解别人的观念、感受。

同理心的倾听要做到下列"五到"：耳到即耳朵听进去；口到即关注声调等信息；手到即记录信息；眼到即观察对方的身体语言；心到即用心灵体会。

二、有效倾听的技巧

在人际沟通过程中，首先要学会倾听和了解别人。那么，怎样倾听才能让沟通更顺畅、更高效呢？以下是一些倾听技巧。

（一）营造轻松、舒适的沟通氛围

倾听需要一个轻松、舒适的环境，在这样的环境里，倾诉者和倾听者都能保持良好的沟通状态。相反，人在不舒服的环境里，很难把内心的真实想法、困扰、烦恼等毫无顾虑地说出来，同样倾听者也很难在不舒适的环境里静心倾听。因此，沟通时最好选择一个安静的场所，消除环境因素造成的干扰，保证沟通的顺利进行。

（二）保持礼貌，鼓励对方先开口

首先，倾听是一种礼貌，愿意倾听别人说话的倾听者乐于接受别人的观点和看法，这会让说话者有一种备受尊重的感觉，有助于建立和谐、融洽的人际关系。其次，鼓励对方先开口可以有效降低交谈中的竞争意味，因为倾听可以培养开放融洽的沟通氛围，有助于双方友好地交换意见。最后，对倾听者来说，鼓励对方先开口，就有机会在表达自己的意见之前，掌握双方意见一致之处，为进一步建立和谐融洽的沟通氛围奠定基础。

（三）适时引导并做出回应

在沟通过程中，倾听者可以说一些简短的鼓励性的话语，如"哦""嗯""我明白了"等，表示自己正在专注地听对方说话，并鼓励他继续说下去。也可以重申对方的观点，例如以"你觉得……""你认为……""你的想法似乎是……""听起来好像……"等做引导语对对方的观点进行重述。当沟通出现冷场时，也可以通过适当的提问引导对方说下去。例如，"后来又发生了什么""你对此有什么感觉"等。而对于对方说出的精辟见解、有意义的陈述或有价值的信息，也要及时予以真诚的赞美，例如"这个故事真棒""你这个想法真好"等，这种良好的回应可以有效地激发对方的谈话兴致。

总之，沟通是双向的信息交流，倾听者的回应是对倾诉者的有效反馈，能够鼓励对方把话题继续下去。

（四）通过提问来确保理解正确

虽然打断别人谈话是一种很不礼貌的行为，但"乒乓效应"则是例外。所谓"乒乓效应"，是指在倾听过程中要适时地提出一些切中要点的问题或发表一些意见和看法，来响应对方的谈话。例如，如果有听漏的、不确定的或不懂的地方，要在对方的谈话暂告一段落时，简短地提出自己的疑问之处，及时求证以便正确理解对方的意思。

（五）恰当运用肢体语言

倾听时还应恰当运用肢体语言，在与人交谈时，即使我们还没有开口，我们内心的真实情绪已经通过肢体语言清楚地展现在对方眼前了。倾听者在倾听时态度开放、充满热情、对对方的谈话内容很感兴趣，对方就会备受鼓舞，从而谈兴大发。

正确地运用肢体语言，首先要在倾听中保持目光接触。通常情况下，目光接触是判断倾听者是否在认真倾听的依据，因此在倾听时切勿眼睛盯着别处，或者眼睛不离手机。其次要保持积极地倾听姿势，自然微笑，身体略微前倾，不要双臂交叉抱于前胸，也不要把手放在脸上。

（六）养成记录并整理重点的习惯

倾听别人谈话时，要养成记笔记的习惯，用笔记写下关键字句以增强记忆。在记录的过程中还可以提炼和整理出重点。倾听的同时可以在心里回顾一下对方的谈话内容，分析总结出其中的重点并记录下来。在倾听过程中，只有删除那些无关紧要的细节，把注意力集中在对方说话内容的重点上，并且在心中牢记这些重点，才能在适当的时机给予对方清晰的反馈，以确认自己所理解的意思和对方一致。俗话说"好记性不如烂笔头"，要养成记笔记的习惯。

三、倾听习惯自测

（一）倾听技能自我测评

（1）测试题目。请用"是"或"否"回答表6-7所示的15个陈述。

表 6-7

1. 我常常试图同时听几个人的交谈。
2. 我喜欢别人只给我提供事实,让我自己做出解释。
3. 我有时假装自己在认真听别人说话。
4. 我认为自己是非言语沟通方面的好手。
5. 我常常在别人说话之前就知道他要说什么。
6. 如果我不感兴趣和别人交谈,通常通过注意力不集中的方式结束谈话。
7. 我常常用点头、皱眉等方式让说话人了解我对他所说内容的感受。
8. 常常别人刚说完,我就紧接着谈自己的看法。
9. 在别人说话的同时,我会评价他所说的内容。
10. 别人说话的同时,我常常在思考接下来我要说的内容。
11. 说话人的谈话风格常常影响到我对内容的倾听。
12. 为了弄清对方所说的内容,我常常采取提问方法,而不是进行猜测。
13. 为了了解对方的观点,我总会很下功夫。
14. 我常常听到自己希望听到的内容,而不是别人表达的内容。
15. 当我和别人意见不一致时,大多数人认为我理解了他们的观点和想法。

(2)评估标准。根据倾听理论得出:1.否;2.否;3.否;4.是;5.否;6.否;7.否;8.否;9.否;10.否;11.否;12.是;13.是;14.否;15.是。为了确定测试者的得分,把错误答案的个数加起来,乘以7,再用105减去它,就是测试者的最后得分。

(3)结论。得分在91~105分,表明测试者拥有良好的倾听习惯。

得分在77~90分,表明测试者的倾听习惯中等,还有很大的空间可以提高。

得分低于77分,表明测试者的倾听习惯亟待改进,应该在这方面多下功夫。

(二)倾听失误评估

每一个人都会在倾听中失误。你可能也认识卓越的倾听者和几乎不倾听的人。为了查出你是何种类型的倾听者,问自己如表6-8所示的问题,用"常常"、"有时"或"从不"来回答每一个问题。

(1) 测试问题。见表6-8。

表6-8

1. 你曾经做错作业，而你的班上其他人都正确吗？
2. 你曾经要求老师重新解释他（她）在班上留下的作业吗？
3. 你曾经因为没有仔细地听某人指路而迷路吗？
4. 你的同学曾经因为你问一个刚刚解答过的问题而嘲笑你吗？
5. 你曾经问过一个经讨论没什么必要做的问题吗？
6. 你曾经由于受到某事的干扰而没有很好地倾听吗？
7. 你曾经因为没有倾听而受到指责吗？
8. 你曾经由于忘记了别人指的路而当你需要见某人时发现在错误的地方吗？
9. 你曾经让别人告诉你位置，却还找不到要找的东西吗？

(2) 讨论总结。对这些问题你有多少次回答"常常""有时"？对此你有何感想？

四、倾听训练

【训练6-4】　　　　　　倾听结果测试

老师将故事向学生念一遍，请学生在5分钟内对表格中的每个陈述做出判断，统计"对""错"及"？"（不确定）的数目。最后由老师公布正确答案并说明理由。

故事如下：一个商人刚关上店里的灯，一男子来到店堂并索要钱款。店主打开收银机，收银机内的东西被倒了出来，而那个男子逃走了。一位警察很快接到报案。

请仔细阅读下列有关故事的提问，并在"对"、"错"和"？"（不确定）三者中圈选出你认为正确的答案。见表6-9。

表 6-9

1. 店主将店堂内的灯关掉后，一男子到达	对	错	?
2. 抢劫者是一男子	对	错	?
3. 来的那个男子没有索要钱款	对	错	?
4. 打开收银机的那个男子是店主	对	错	?
5. 店主倒出收银机中的东西后逃离	对	错	?
6. 故事中提到了收银机，但没有说里面具体有多少钱	对	错	?
7. 抢劫者向店主索要钱款	对	错	?
8. 索要钱款的男子倒出收银机中的东西后，急忙离开	对	错	?
9. 抢劫者打开了收银机	对	错	?
10. 店堂灯关掉后，一男子到达	对	错	?
11. 抢劫者没有把钱随身带走	对	错	?
12. 故事涉及三个人物：店主、一个索要钱款的男子以及一个警察	对	错	?

答案说明：

（1）店主将店内的灯关掉后，一男子到达。不确定，商人可能是店主，可能不是。

（2）抢劫者是一男子。不确定。"一男子"不一定是抢劫者，可能是乞丐。

（3）来的那个男子没有索要钱款。错。"到店堂并索要钱款"。

（4）打开收银机的那个男子是店主。不确定。店主的性别不确定。

（5）店主倒出收银机中的东西后逃离。不确定。不知道是谁倒出来的。

（6）故事中提到了收银机，但没有说里面具体有多少钱。对。

（7）抢劫者向店主索要钱款。不确定。可能是"乞丐"索要钱款

（8）索要钱款的男子倒出收银机中的东西后，急忙离开。不确定。东西被倒了出来，但不知道是谁倒的。

（9）抢劫者打开了收银机。错。是店主打开收银机。

(10) 店堂灯关掉后，一男子到达。对。

(11) 抢劫者没有把钱随身带走。不确定，不一定是抢劫。

(12) 故事涉及三个人物：店主、一个索要钱款的男子以及一个警察。不确定。也可能是4个人：一个商人、一个索要钱款的男子、店主、警察。

也许看了答案后，你会觉得有些奇怪，本来那么多可以确定的事情，为什么答案大多是不可以确定的？这是因为，我们在日常生活中大多靠着直觉来判断世界，而直觉本身都是带有一定的认知偏差的，它会结合我们的经验、惯例，对外界事物进行想当然的判断，但是这种判断并不完全符合事实，需要我们用心去倾听和分析，发现其中潜在的逻辑关系和事实真相。

【训练6-5】　　同理心倾听训练

活动目的是学员们体验在特定的情境下如何去倾听别人，去理解、获取别人想要表达的信息。

(1) 规则与程序。学生分成4组进行训练，训练背景如下：王元是公司里一位非常优秀的销售代表，在公司业绩领先，但他最近有点消沉。下班以后，他来到你的办公桌旁，和你聊天。王元说："最近我用了整整一个月的时间做这个客户，但这个客户的销售量还是不高。"

请每组派出2位同学走上讲台演示下列情景：第一组学员演示王元在抱怨；第二组学员演示王元表示无奈；第三组学员演示王元在征求建议；第四组学员演示王元希望得到指导。

(2) 讨论与分享。请其他的学员注意观察，总结每个展示中分别包含了哪些同理心倾听技巧。现实中人人都希望被了解，也急于表达自己，却疏于倾听。在倾听时一定要能做到理解对方的意愿和需求，表现出最贴切的反应促使沟通顺利进行。

(3) 教师点评。老师根据同理心倾听体验对学员表现进行点评，点评要点如下。

王元在抱怨：当对方仅仅是向你抱怨的时候，你就注意不要给对方指导性的建议。他其实自己知道怎么做，就只是想发泄一下而已。这个时候他需要一个很好的倾听者，你只要听着就可以了，适当的时候也可以发表一些无关痛痒的抱怨。

王元表示无奈：当对方无奈的时候，可能对客户的能力有所怀疑。可能需要和你分析一下客户的实际情况和公司的策略，这个时候你只要安抚和一起分析就可以了。

王元在征求建议：可能王元想从你这里得到建议，希望和你探讨一下，怎样做这个客户。当对方是真正寻求你帮助的时候，你可以和他一起来分析这个市场的情况，给出你的建议。但是要说明，仅仅是你的建议而已。

王元希望得到指导：这种说法可能对方是能切换这个客户了，可能他已经有候选客户。当对方想切换客户时，可能是对直接切换的信心不足，需要你给他鼓励。这个时候你只要鼓励他，并分享你曾经切换客户的经验就可以了。

本章小结

倾听不仅是接受口头信息和非语言信息的过程，还包括了确定所接受的含义和对此做出反应的过程。倾听是基本礼仪和礼貌的体现，也是信息的重要来源，有利于知己知彼和获得友谊与信任。影响倾听的因素很多，按其来源可以分为主观障碍和客观障碍。倾听过程中不要假装在听，也不要以高高在上的态度去听，更不能自以为是或先入为主，另外还要避免做价值判断。

有效的倾听首先要排除干扰，其次还要身体参与、语言参与、思维参与，运用同理心去倾听。有效倾听的技巧有：营造轻松、舒适的沟通氛围；保持礼貌，鼓励对方先开口；实施引导并做出回应；通过提问来确保理解正确；恰当地运用肢体语言；养成记录并整理重点的习惯。

第七章
说服、拒绝与冲突处理

知识目标：

1. 了解说服原则，掌握说服的技巧。
2. 学习拒绝的方法和技巧，掌握拒绝的详细过程。
3. 了解产生职场冲突的原因，学会处理职场冲突。

能力目标：

1. 对个人说服他人的能力和处理职场冲突的能力进行评估。
2. 培养职场中的说服能力、拒绝他人的能力和化解冲突的能力。

　　说服与拒绝是人们沟通交流重要的功能和目的。在学习、工作和生活中，人们常常希望把自己的观点、想法和思路准确有效地传达给某些人，并且需要对方能够接受自己的意见或建议，然后付诸实施，这个过程就是说服。与这个过程反向的行为则是拒绝。只有善于说服的人才能够获得他人的理解、尊重和信赖，只有能够在该拒绝的场合适时地拒绝，才能取得自主性。同时，职场上冲突无处不在，学会处理冲突，也是职场人士必备的能力。

第一节 说服

其实早在我国春秋战国时期，人们就已经懂得了游说的重要性。如当时著名的政治家、军事家张仪依靠三寸不烂之舌，巧妙运用说服术，说服了秦王，获得了丞相一职，从此出将入相。还有当时的苏秦、公孙衍等莫不如此。从某种意义上讲，每个人都是推销员，每个人都在推销自己，推销自己的主张、价值观、能力，推销自己的产品、方案、成果等，要想使自己的说服能成功，不断提高自己的说服力，把握交流沟通中说服的基本原则十分必要。

一、说服的原则

提高职业沟通的能力在很大程度上就是提高你说服别人的能力。以下介绍一些说服的原则。

（一）用真诚、可靠、权威、魅力来建立信赖感

在说服的过程中，建立信赖感是说服的基础。没有这个基础，任何说服都不会取得理想的效果。人们往往会被魅力吸引，魅力是信赖的前提。无论是权威、财富、外表、知识还是能力，都是魅力的一种，但最重要的还是人格魅力。一个正直诚实的人往往更容易获得他人的信任。

要想让自己变得更有魅力，无论内外，都要注意打造自己的形象，增加自己的头衔，提高自己的能力，积累自己的知识，更重要的是修炼自己的内在品质。这些都是你说服别人最有力的武器。

（二）打造信息内容，利用真理的力量，晓之以理

每个人的信念都是建立在自认为真实的基础之上的，说服别人改变自己的观点，必须有理有据，必须利用逻辑的力量，以理服人。无论是改变他人的信仰主张、认识，还是行为，如果你没有充足的理由、新的论据材

料、合理的推理逻辑,则很难达到好的说服效果。

(三) 关注说服方式,依靠情感的力量,动之以情

人是情感的动物,有时在表达自己的意见时,光有理性的力量还不够,凭借诚挚而令人感动的语气,带着真挚动人的情感说出来,往往能打动人、说服人。

(1) 理智对待情感。受到更好的教育或者擅长分析思辨的人比受教育水平不高或不擅长分析思辨的人更容易接受理性的说服。初始的态度来源于情感,人们更容易被情感性的论点说服。

(2) 好心情效应。开始说服之前要给对方一个好消息,一方面有利于个体进行积极思考,另一方面是因为它与信息相互关联。

(3) 唤起恐惧效应。人们的诉求基本上只有两个方面:追求快乐和逃避痛苦。而大多数人逃避痛苦的动力要远远大于追求快乐的动力,因此,在说服开始时,可以用一个能够使对方痛苦的信息来引发他的恐惧心理从而达到使对方相信自己的目的。

(4) 单方面说服和双方面说服。对那些已经持有赞成态度的人来说,单方面的论证更有说服力;而双方面的论证则对那些持反对意见的人比较有效。

(四) 了解说服对象,感同身受,运用同理心

当你要说服别人时,必须先了解他人,充分站在对方的角度,感同身受,体会了解,并产生和运用同理心。你需要了解以下情况:他人的意见和想法;他人的需求;他人接受你的意见、方案以及响应你主张的能力;还要了解他人的性格特征以及接受你意见的方式。

同理心是站在对方立场思考问题的一种方式,是一个人人格成熟和社会化的标志,是满足人的社会性生活方式的需要。同理心饱含着温暖与关爱,拥有了同理心,也就拥有了感受他人、理解他人行为和处事方式的能力。在说服别人的时候,要使用同理心技巧,只有建立了同理心的思考模

式，说服才会有一个良好的效果。有了同理心，你不仅可以知道对方明确表达的内容，还能够更深入地理解并把握对方隐含的感觉和想法。因此同理心能够成为你与他人之间顺畅沟通的心理桥梁。

二、说服的技巧

当你去参加一次社交活动，或进行一次会谈，或参与一次营销活动，或组织一次洽谈，或进行一次思想动员等活动时，你将要在一对一、一对多的交谈环境中试图说服他人。在工作中，良好的说服技巧是你开展工作、完成任务、发展自己的重要手段。

每个人在进行上述活动前，都要做好必要的准备：考虑怎么去做才能达到最好的沟通效果。在现实生活中，有的人三言两语就能让人心服口服，乐意接受他的主张和意见，配合他的行动，有的人虽滔滔不绝，别人却无动于衷，收效甚微，其中的技巧方法是十分重要的。通过本节训练，有助于掌握正确的说服技巧。

（一）学会提问，运用苏格拉底说服术

说服的方式有许多种，但可以肯定的是说服的最高境界是通过提问让被说服者自己去说服自己。

每一个人都需要被了解、被认同，然而，被认同最好的方式就是有人很仔细地听你讲话。因为在现代生活中很少有人愿意耐心听别人讲话，大家都急于发表自己的意见，所以假设你一开始就能通过提问把倾听的工作做好，对方对你的信赖感就已经开始建立了。提问需要技巧，例如：先从简单的问题开始问起；要问让对方回答"是"的问题；要问二选一的问题等。

简单的问题不会给被说服者带来压力，从而减少说服的阻力，而让对方不断回答"是"则能使对方整个身心趋向于肯定的方面，身体组织呈开放状态，从而易于接纳你的观点。通过二选一的封闭式提问，会限定对方

的回答范围,很容易得出你想要的结果,还会让被说服者觉得是他自己的选择。

(二) 以对方的认识为起点,强调给对方带来的利益

要说服对方,必须学会换位思考,先承认对方的认识、态度存在的合理性,先避开矛盾分歧,从对方的认识基点出发,先赞同或部分赞同,寻找共同点,抵消对方的抵触情绪,逐步瓦解对方的心理防线,以逐步扩大说服的范围,逐步迫近要害和问题的关键。

在说服过程中,发表自己的主张和意见,需要站在对方需求的角度,换位思考,要着重讲对对方有什么好处,才能有效说服对方接受。只从自己的利益出发,不顾对方的需求和感受,很难达到说服的目的。

(三) 模仿对方,寻找相似点

物以类聚,人以群分。每个人都喜欢两类人:一类是和自己一样的人;另一类是他希望变成的那个人。

在说服的过程中,你有意识地去模仿对方,模仿他的动作、他的表情、他说话的语气,甚至模仿他呼吸的频率,就会达到意想不到的效果。比如:他说话慢,你就慢;他说快,你就快;他手叉口袋,你也手叉口袋;他叉腰,你也叉腰;他微笑,你也微笑……

但是,在模仿的过程中一定要注意,不要太同步,要有一个时间上的延迟,他跷二郎腿你隔20秒再跷;他往前转,你隔10秒往前转;他喝水,你隔10秒再喝等。

(四) 名言支持法

人们相信名人和权威,在说服中,引用名人的语录或权威的理论来支持自己的结论,能增强说服力。因为名人的话往往有一定的号召力,借助名人的话,可以达到事半功倍的效果。

(五) "使人信"五步定式

美国心理学家杜威提出了说服他人的"使人信"的五步定式,这五步定式是：第一步，直截了当告诉对方某处存在某个极其严重的问题或状态；第二步，帮助对方分析研究该严重问题产生的原因；第三步，帮助对方搜集各种可能解决问题的办法，尽可能穷尽一切办法，并把自己准备提出的观点放在最后介绍；第四步，帮助对方依次分析和斟酌这些可能的解决方法；第五步，最终使对方认可并接受其中最理想的解决方法，也即最后提出的你认为最正确的方法。

（六）暗示说服法

暗示说服法就是通过委婉的语言形式，把自己的思想观点巧妙地传递给对方。受暗示是人的心理特性，它是人在漫长的进化过程中形成的一种无意识的自我保护能力，它是人的一种本能。

人们为了追求成功和逃避痛苦，会不自觉地使用各种暗示的方法。比如，困难临头时，人们会安慰自己或他人"快过去了，快过去了"，从而减少忍耐的痛苦；人们在追求成功时，常常会鼓励自己说"坚持一下，我一定可以的"。这些简单的语言都给了人们强烈的暗示，让人们在无形中有了强大的抵抗困难或勇于进取的动力。

暗示有以下几种方式：借此言彼，利用事物与事物之间的相似之处，互相比较；旁敲侧击，说话时避开正面，而从侧面曲折表达、鼓动等。

（七）对比说服法

鲁迅先生说：如果有人提议在房子的墙壁上开个窗口，势必会遭到众人的反对，窗口肯定开不成。可是如果提议把房顶扒掉，众人则会相应退让，同意开个窗口。当提议把房顶扒掉时，对方心中的"秤砣"就变小了，对于"墙壁上开个窗口"就会顺利答应了。

冷热水效应可以用来劝说他人，如果你想让对方接受"一盆温水"，为了不使他拒绝，不妨先让他试试"冷水"的滋味，再将"温水"端上，如此他就会欣然接受了。

三、说服能力评估

(一) 同理心评估

在说服的过程中,同理心是非常重要的一个指标。以下有 18 道题,每题只有一个正确答案(可能有些说法比较费解,请按自己的理解回答)。这个测验是英美两国社会心理学家曾经做过的实验,并且得出了相应的结论。虽然参加实验的人都是欧美人,其想法与中国人可能会有所不同,测试会有所偏差,但是人类的情感具有普适性,测试结果基本上是可信的。

(1) 一群志愿者自愿参加社会心理学家进行的有关电器治疗效果的实验。实验开始之前,他们之中有些人感到不安,有些人比较镇定。实验开始前 10 分钟,那些坐立不安的人会采取什么行动?

A. 希望实验开始之前到隔壁房间等候

B. 希望和同样感到不安的人一起等候

C. 希望和镇定的人一起等候

D. 既不想自己独处,也不想和别人一起等候

(2) 美国某个研究团体正在进行一项研究,想知道团体工作时,其中的外来分子对民主化的工作方式和权力主导型的工作方式,哪一个反弹力较大?

A. 对权力主导型的反弹力较大

B. 对民主化的反弹力较大

(3) 美国的社会科学工作者研究选举活动期间有选举权者的行动。他们想知道,有选举权者把注意力放在支持的政党的宣传上还是他党的宣传上。有选举权的人的行动是:

A. 注意所有政党的宣传

B. 主要注意他党的宣传

C. 特别注意自己支持的政党的宣传

(4) 第一次碰面就非常讨厌这个人,如果再碰到他会如何?

A. 让关系改变

B. 本质不变

C. 更讨厌他

(5) 社会心理学者想知道使人受影响的最有效的方法,因此召集一群人举办一场演讲,说明为了提升工作效率"速读"的重要性;一方面又聚集另一些人,和他们讨论有效率的"速读"会带来什么效果;然后社会科学工作者比较结果,看哪一种方法更适合"速读"。

A. 参加演讲的人愿意出席"速读"讲习会,但参加讨论的人少

B. 讨论的方式比较好,这群人也愿意参加"速读"讲习会

C. 看不出有何差别,不论是演讲或讨论,都有一定的人数参加"速读"讲习会

(6) 美国某个研究团体和大学教授、一般民众、罪犯谈话并介绍他们,然后将这些内容完全相同的录音带放给不同人听。对听众影响最大的是谁?

A. 大学教授

B. 一般民众

C. 罪犯

(7) 某个美国社会心理学家观察一个团体里的成员。团体里评价最低的人在打自己擅长的保龄球时,水平慢慢超过评价最高的人,这时候团体中的成员反应如何?

A. 评价低的人很高兴自己受到肯定,能够稳固在团体中的地位

B. 评价低者的成功受到批判性的排斥,评价低者必须降低保龄球的分数,回到原来的工作排名,接受嘲弄、讽刺的折磨

(8) 美国某个社会科学工作者想知道心情对观众有多大的影响,他要求被实验者画出正在沼泽中玩的年轻人的背景,同时使用催眠术,让被实

验者感到不安或幸福。在这两种心情影响下，他们会画出什么样的图呢？

A. 幸福的心情：幸福的画面。令人联想到那是夏天，那就是人生；在户外工作；真实的生活——种树，看着树长大

B. 不安的心情：他们会不会受伤；应该有个知道如何应付灾难现场的老人和他们在一起才对；水究竟有多深呢

C. 心情不会影响作画，两种心情下都能够很客观地进行绘画

（9）社会科学工作者想知道熟悉与未知之间，何者能让人感兴趣，因此，让买新车的人和长年开同一车型的人大略翻一下杂志。谁会仔细看和自己的车型一样的汽车广告呢？

A. 买新车的人中，看自己新买汽车的广告比看其他厂牌的汽车广告多28%；本来就有车的人，看现有汽车广告的比看其他厂牌的汽车广告的只多4%

B. 本来就有车的人，看现有汽车广告的比看其他厂牌的汽车广告的多28%；买新车的人中，看自己新买汽车的广告比看其他厂牌的汽车广告多4%

C. 二者是一样的，看其他厂牌的汽车广告都比看自己拥有的汽车广告多11%

（10）英国心理学家以"为什么青少年不能开车"为题，对青少年展开10分钟的演讲，但在演讲前先将青少年分成两组，一组知道题目，另一组什么也不知道。哪一组比较会受演讲内容的影响？

A. 知道内容的那组

B. 什么都不知道的那组

C. 两组都受到强烈的影响

（11）心理学家让人看一群人的脸部画像。有几张让他们看过20次以上，其他的只让他们看2次。哪一边会获得善意的评价？

A. 比较少看的那一边

B. 看次数多的那一边

C. 没有差别

(12) 心理学家对儿童进行下列实验。先在房间里布置几个好玩的玩具,再把儿童分两组:一组让他们直接进去玩耍;另一组在可以看到房内布置的窗口看一会儿之后才进去。哪一组会把玩具弄坏?

A. 两组都一样

B. 马上进房间的小孩破坏力较强

C. 在外等候的小孩破坏力较强

(13) 心理学家让愤怒和心平气和的被实验者看拳击比赛的电影和没有攻击镜头的温和电影。看完之后,谁的反应最激烈?

A. 看拳击电影的愤怒者

B. 看温和电影的愤怒者

C. 看拳击电影的平静者

D. 看温和电影的平静者

(14) 请接受实验者尝尝某种液体是否有苦味。社会科学工作者已将带有苦味的物质用水稀释,有70%的人说苦,30%的人说没有味道。然后把尝不出味的9个人,和感觉很苦的一个人聚在一起,请尝出苦味的人说说那种苦的味道。结果,这10个人的感觉会有什么变化?

A. 感觉苦的人,他毫不动摇地肯定,影响了其他人,第二次试饮时,那9个人也觉得苦

B. 9个人不受影响

C. 感觉有苦味的人受其他9个人的影响,第二次试饮时也不觉得苦了

(15) 处于不安状态和没有处于不安状态的人,谁会对陌生人感到强烈的不安?

A. 两者没有差别

B. 处于不安状态的人

C. 未处于不安状态的人

（16）英国的社会心理学家对看《007》电影和歌舞剧的观众，做攻击性倾向的调查。何者会表现出较强的攻击性？

A. 看《007》电影之前的观众

B. 看完《007》电影的观众

C. 看歌舞剧之前的观众

D. 看完歌舞剧的观众

E. 无法确认他们的差别

（17）美国的社会科学工作者要求初中生、高中生、大学生、社会人士均受同等教育，判断几项陈述是否正确。4 周后，再要求他们对相同的陈述下判断，但这次却先告诉他们"你们的判断和大多数人不同"。这个补充说明会带来什么影响？

A. 64%的初、高中生，55%的大学生，40%的社会人士更改他们的意见

B. 64%的社会人士，55%的大学生，40%的初、高中生更改他们的意见

C. 每组中都只有少部分人更改他们的意见

（18）社会科学家想知道在讨论会中，使团体意见一致的人是不发言的沉默者还是参加讨论者。谁较容易受团体意见的影响？

A. 沉默者

B. 发言者

C. 无差别

答案及结论：

1~5 BACBB，6~10 ABAAB，11~15 BCBAB，16~18 BAB

每题一分，在表 7-1 里找出自己的年龄，然后看对应的得分，你就可以知道自己的同理心如何。

表7-1 同理心评估得分表

14~16岁	17~21岁	22~30岁	31岁以上	同理心
11~18分	14~18分	17~18分	15~18分	非常强
10分	12~13分	15~16分	13~14分	强
8~9分	10~11分	11~14分	9~12分	尚可
6~7分	6~9分	9~10分	7~8分	稍低
0~5分	0~5分	0~8分	0~6分	很弱

同理心非常强，说明你的社会共鸣能力十分出色，能站在他人之立场想象当时的情况和当事人的反应。

同理心强，说明你有非常发达的社会共鸣能力，对社会状况的判断正确，亦能察觉别人采取的行动。

同理心尚可，说明你的社会共鸣能力处于平均水平。

同理心稍低，说明你不常为他人设身处地地着想，很难正确预见他人之行动。

同理心很弱，说明你很少正确判断社会状况，站在他人立场，预测别人采取的行动的能力稍差。你有必要改善你的共鸣能力，多与人交往对你有帮助。

社会共鸣力与是否聪明无关，只反映了一个人的情商。自私的人没有共鸣能力，他们不愿费心考虑他人的立场，也不想了解和自己不同的看法与情绪，常以攻击性的语言（如"无聊""白痴"）轻视别人的想法。

（二）说服力评估

请针对表7-2给其中的每个问题做出选择并将选项代码写到表格中。选项内容如下：

  A. 从来不   B. 偶尔 C. 经常   D. 总是

第七章
说服、拒绝与冲突处理

表7-2 说服力评估

问题	答案
1. 在说服他人时你是否经常使用第二人称（您、您的、你们）而避免使用第一人称（我、我的、我们）	
2. 你是否能避免使用那种陈词滥调和缺乏热情的问候而代之以更有说服力的语言	
3. 你是否能避免使用一些陈旧的用语，诸如"无法置信""令人敬畏""我们私下里讲""这是千真万确的"，或者"您理解我的意思吗？"	
4. 你是否能避免价值判断的短语和句子，诸如"您应该""您必须"	
5. 你是否能避免使用那些没有意义的句子，诸如"您今天感觉如何？""您现在怎么样？"或者"天气真好啊！"	
6. 你是否能避免冒着中断关系的危险来赢得一次无谓的争论	
7. 在得出结论之前你是否完全领会了对方的意思	
8. 你在说服别人时是否能避免过多谈论关于自己知道的事	
9. 当你在说服别人时，你是否能保持足够的耐心	
10. 你是否能避免对那些和蔼和热心的人谈得太多	

评估结果：

选"A"得0分，选"B"得1分，选"C"得2分，选"D"得3分。请计算自己的总分。

如果分数在15分或者15分以下，需要彻底改变与别人的交流方式；分数在18分到22分，要注意使用更有力和更富说服力的语言；分数在23分到24分，做得不错，也可以考虑进一步提升；分数在25分或者25分以上，继续保持，毫无疑问，这是一个非常具有说服力的人。

如果得分相对低，建议将这些问题打印下来贴在桌子上，每天看一看，至少持续21天，这样将有助于意识到自己在哪里需要改进，能够促使说服力的提升。

四、说服训练

【训练 7-1】　　　　　说服力自我分析

请回顾在学习和工作生活中发生在自己身上的最成功的和最失败的两个说服事例，分析其中成功的地方和失败的原因：

(1) 在说服过程中，你提问了吗？问了哪些问题？

(2) 在说服的过程中你是否从对方的角度考虑问题，是否尊重了他人的需求，是否尊敬他人？

(3) 你是否使用了说服技巧？用了哪些技巧？

(4) 请对说服过程进行重新设计，注意运用说服的相关知识。

【训练 7-2】　　　　说服领导进行紧急疏散演练

在职业沟通中，说服别人同意自己的看法、支持自己的行动，不但是一个人影响力的表现，也是一个人必备的能力。要说服别人，需要智慧和技巧。

如果你是企业的安全检查员，你向董事长和总经理提出进行紧急疏散演习的建议，你会发现，说服他们并不是一件容易的事。特别是在一些企业，尤其是人员众多、业务繁忙的大企业，抽出一个下午的时间来搞这样一个演习，这会引起他们的诸多顾虑。由于以上种种原因，活动一直没有进行，请设计一套说服计划，成功说服领导进行这样一次有益的安全演练。

要求撰写出说服计划的文本，并在小组进行演讲，可以选择一部分同学在班级进行演讲。

【训练 7-3】　　　　　　　说服上司

1. 训练背景

李明是一家民营纺织企业人力资源部的员工，分管培训工作。由于人民币升值，出口竞争力下降，公司处于亏损的边缘，为此高层领导决定裁员 20%。近来员工们都在议论此事,生怕自己下岗。李明在人力资源部的业绩虽然不突出,但在公司的 5 年中一直都勤勤恳恳、任劳任怨。一天部门经理说找他有要事相谈,李明估计这次与裁员有关。

李明是三口之家的主要经济支柱,如果下岗,将面临巨大压力。

如果你是李明,你将如何在 20 分钟的时间内说服经理让自己留下来呢?

2. 训练过程

学生每两人为一组,分别扮演经理和李明展开模拟谈话。

3. 讨论问题

针对所在小组的说服过程,讨论以下问题:

为什么在说服过程中要把握对方的需求?人的精神需求有哪些方面?

你在说服经理的过程中是否把握住了对方的需求?你是如何说服经理的?最终你成功了吗?

你的同学或同事中,谁最会做说服工作,他(她)的主要特点是什么?他(她)常用的方法是什么?

[训练 7-4]　　　　学会提出问题

通过这个训练项目,体会一下在说服、提问过程中,一直说让对方说"是"的技巧。

1. 规则和程序

游戏道具:一副去掉大小王的普通扑克牌。

游戏参与人数:一对一。

游戏过程:让甲和乙面对面,其中甲拿着扑克,请乙随意抽取一张让甲看一下牌面花色,乙把牌握在手中(注意:甲提问结束之前乙不可看牌)。然后甲通过提问,让乙回答,一步一步到最后,让在乙不看牌的情况下说出抽取出的牌的花色和点数。

老师可以请两位同学来示范演练一遍整个过程,然后让大家一对一认真体会演练。

例如乙抽取的是方块10，甲看到以后开始如下提问：

甲：你有没有曾经玩过扑克牌，至少1到2次？

乙：有。

甲：扑克牌当中，有54张牌，去掉两张王牌，是不是还有52张牌？

乙：对。

甲：52张牌当中，有红色花样，还有黑色花样，是不是？

乙：对。

甲：你选择红色？还是黑色？

乙：红色。

甲：好，红色当中有方块，还有红桃，选择方块？还是红桃？

乙：方块。

甲：方块，很好。方块当中有人物牌，像J、Q、K。叫作人物牌，还有数字牌，你选择数字牌，还是人物牌？

乙：人物牌。

甲：人物牌，很好。那么，剩下来的是不是数字牌？

乙：对。

甲：数字牌当中，有奇数还有偶数，你喜欢奇数还是偶数？

乙：偶数。

甲：偶数当中有大偶数，如8和10，还有小偶数2、4、6，你会选择哪一个？

乙：小偶数。

甲：好的，那么剩下来的是大偶数了。

乙：对。

甲：那么大偶数中，你会选择哪一个？8还是10？

乙：10。

甲：好的，你选择的是红颜色的，方块10，看一看你手中的牌是不是方块10。

乙：（打开牌）啊，是的。

2. 训练总结

（1）先从简单的问题开始问起，例如先是牌的数目的提问，然后颜色的选择、花色的选择、人物牌和数字牌的选择、偶数和奇数的选择、大偶数（奇数）和小偶数（奇数）的选择。

（2）要问让对方回答"是"的问题。比如，像上面的案例中，如果一开始甲提问你会选择红颜色还是黑颜色，乙没有按照实际的牌面，选择了黑色，甲同样要说好，只不过需要另加一句："那么剩下来的是红色了？"（二择一法，乙只能说是）同理，只要是乙说的答案和牌面不一致，那么甲都要说："好，那么剩下来的是……"直到最后引导到真实牌面情况。

（3）要问二选一的问题，同时可以适当进行暗示和引导。例如，在提问时，甲也可以使用语气来进行暗示："你会选择红色（升调）呢，还是黑色（降调）?"其中把红色放在前面也是一种暗示。如果对方喜欢唱反调，选择黑色，那么，下次要强调那个相反的。

第二节 拒绝

在职业生涯中，很多场合都要学会拒绝别人。比如，当遇到客户无理或过分要求的时候，当下属故意提出刁钻的问题而让你感到难堪的时候，当上司的决定明显会对你的工作产生反作用的时候，都要求我们能勇敢地提出"不"。拒绝是一门学问，有些时候，我们心里很不乐意，本想拒绝，但却点了头，碍于一时的情面，却给自己留下长久的不快。

说"不"的好处很多：拥有了更多的闲暇时间，这对工作繁忙的职场人士来说尤为重要；可以专注于自己觉得真正重要和有兴趣的项目；减少了别人下次以同样理由麻烦我们的机会；重要的是，显示出了自己是一个有"自我选择权利"的、有主见的人，这样就不必总是逆来顺受。

当然，说"不"要有技巧，这样能在很大程度上对事情的进展起到良好的作用。

一、拒绝别人的心理基础

说"不"需要勇气，但要认识到"拒绝不等于伤害"。为什么许多人常常没有勇气说"不"？因为他们不敢拒绝别人、不敢坚持自己的观点以维护自己的权利，他们没有意识到自己有说"不"的权利。甚至有人会因为拒绝了别人、没能满足别人的要求就好像做了对不起别人的错事，有负罪感，感到内疚和自责。

究其根本，是因为他们自我价值低，需要通过"情感贿赂"建立关系；安全感差，内心恐惧，难以拒绝他人。

解决办法是要加强自我价值和安全感。当我们感觉自己没有价值、不被爱的时候，我们的行为方式就坠入"被欺负"的深渊，所以，要改变这种状况，我们需要改变我们内在的感觉。可以每天在心中反复告诉自己"我是有价值的，我是被爱的，我是独一无二的"，并体味这种美好的感觉。当你确实相信的时候，你外在的世界也会发生改变。

案例资料： **分身乏术的保罗**

保罗在深圳某IT企业任部门总经理，由于他的技术能力强、业务精，老板很是器重他。当时另一部门的总经理刚刚离职，考虑到保罗的业务能力，老板便找到他，希望他能同时担任两个部门的总经理。面对这一情况，保罗很为难，因为他知道虽然自己的技术过硬，但作为管理者还是缺乏一定的管理经验，更何况同时兼管两个部门，由此他决定找个合适的机会将自己的想法与老板进行沟通。

两天后午休时间，保罗敲开了老板房间的门。一番寒暄过后，保罗对公司安排他同时出任两个部门经理一事，与老板交换了想法："我的强项是技术，但另一部门需要更有管理经验的经理。要我管理一个部门，我可以把这个部门各方面做精做细，但要同时管理两个部门就分身乏术了。"

接下来保罗又从公司利益的角度详细阐述了跨部门兼管的利弊，并为老板推荐了一位更合适的人选，老板对保罗的建议表示了认可。

其实无论企业中层管理者还是普通员工，都可以向上司说"不"，但说"不"要注意方式，把握好火候。所以对上司说"不"时，不能仅站在自己的立场和角度上，更要站在对方的角度上考虑问题。

二、说"不"的方法

（一）直接分析法

遇到很明显的无理或过分的要求，我们可以采用直接拒绝的方法。把拒绝的理由阐述清楚，并让对方体会到自己的难处，让他也产生同感，这样就会在一定程度上接受我们的拒绝。

注意在表达拒绝时要清楚，要自信、直截了当，拒绝时语气要肯定，不要吞吞吐吐、犹豫不决，这些都对拒绝不利。

（二）巧妙转移法

如果遇到的是难于直接拒绝的要求，并且对方也说明了理由，这时候比较难处理而你又不能接受，可以采用转移的方法。

先对对方的要求表示理解和赞许，并在交谈中慢慢与我们的困难靠近，让对方在慢慢放松精神武装的同时与自己产生共鸣，对我们的困难表示出同情和支持，这样再提出自己的看法，留待以后条件成熟时再给对方解决。

这种方法是需要考虑、照顾对方的自尊心，不是立即说"不"，而是先肯定对方的要求，表示理解、同情和尊重，而后再据实陈述无法满足对方要求的理由，以获得谅解，使对方自动放弃请求。这种方式为先扬后抑，给对方留面子，承认对方的要求，使对方得到抚慰，不容易引起委屈和抱怨，后用"暂时、目前"等缓和的拒绝给对方留有余地。

（三）微笑打断法

人在说话的时候，都喜欢别人在倾听，而不喜欢被打断。但当你遇到别人提出一个你已经预感到有困难的问题时，可以运用这个方法。在对方谈这个问题或在做铺垫的时候，就用微笑的语言打断谈话，而把话题引导到其他方面。

（四）拖而不办法

在对方的要求并没有很过分，但你却由于各种原因无法完成的情况下，可以采用拖的办法，可以说自己能否答应需要时间考虑有关问题，过些时间答复或者要求对方提供更多的信息资料或做进一步的说明以便完成。

这种"推迟做出决定"的方法能给自己留下充裕的思考时间；有时也可找出折中方案，有条件地答应；而有时也可能在拖之中就不了了之了。

（五）李代桃僵法

当对方提出一个很棘手的问题，或者你目前无法解决的时候，可以退而求其次找到一个你们都能接受的替代办法。暂时性地解决办法，往往是处理矛盾和预防危机的手段。

为对方介绍几种解决问题的途径，使对方的需求得到满足，这样不仅不会因为你的拒绝而生气，反而会对你的关心、帮助而心存感激。

三、说"不"的过程

（一）放下手中的事情，认真倾听

无论你有多忙，请用心去倾听对方的诉求，不要表现得心不在焉，否则只会让对方更愤怒。不仅要听出对方在说的是什么事情，而且要听出对方的感受。

（二）认可对方的感受，表示理解

共鸣总是能快速拉近人与人的距离，并平复对方的负面情绪。在表达推脱之前，一定要先顾及当时的情境，比如是否有重要的人在场，以及对方此时此刻最强烈的情绪。无论当时对方是悲伤还是愤怒，都应首先表示理解，以"体谅难处"的态度给对方以抚慰。

（三）说些体谅或赞赏的话，暂不表态

例如"别着急，先喝杯水""看你累的，脸色这么差""你能做到这样的程度，真是不容易""很同情你的处境，你真是太厉害，要是我早趴下了"等。此时你对"该不该接手"应该已经心中有数，但不必急于表态。一方面不要态度强硬，以免伤害"被帮助者"的自尊心；另一方面，着重于缓解求助者的情绪，让对方也有个冷静的时间恢复理智，避免发生直接的冲突或者情绪大爆发，忙没帮成反倒结了怨。

（四）态度真诚，语速缓慢

到了不能不说"抱歉"的时候，一定要看着对方的眼睛，真诚地表达你的想法，并用三两句话简洁、明晰地说清你推脱的原因，在表达时，请一定要使用委婉温和的语句来表达你的抱歉和遗憾，让人感觉你不是在找借口。同时，也要记得在适当的时候真诚地感谢对方对自己的信任。

拒绝要积极正向，千万不要在这时反过来跟对方诉苦，让对方感觉到你在积极关注他（她），同时也尽量少把自己的消极情绪传达给对方，因为对方本来也处于一个焦虑无助的状态，结果你也不停地诉苦，对方的情绪就更低落了。

（五）事后保持热情、体贴

有些忙不帮，原因比较复杂，但无论如何，你肯定不想因此和求助者结怨，所以，一定记得在推托过后，跟对方主动示好，这样对方会确信你不是讨厌他（她），你只是有自己的原则。

四、说"不"的艺术

（一）说"不"的四个"要"

要能婉转地拒绝，真正有不得已的苦衷时，应以婉转的态度拒绝，别人还是会感动于你的诚恳；要有笑容地拒绝，拒绝的时候，要能面带微笑，态度要庄重，让别人感受到你对他（她）的尊重、礼貌，就算被你拒绝了，也能接受；要有代替或有帮助的拒绝，你跟我要求的这一点我帮不上忙，我用另外一个方法来帮助你，这是一种有智慧的拒绝，这样人家是会很感谢你的；要有退路地拒绝，拒绝的同时，如果能提供其他的补偿方法，帮忙想出另外一条出路，实际上就是帮了忙。

（二）说"不"的六个"不要"

不要立刻就拒绝，立刻拒绝会让人觉得无情，甚至感觉对他有成见；也不要轻易地拒绝，有时候轻易地拒绝，会失去许多帮助别人、获得友谊的机会；盛怒之下也不要拒绝，因为盛怒之下拒绝他人，容易在语言上伤害别人，让人觉得缺乏同情心；也不要随便地拒绝他人，太随便地拒绝，别人会觉得我们并不重视他（她），容易造成反感；也不能无情地拒绝他人，无情地拒绝就是表情冷漠、语气严峻、毫无通融的余地，会令人很难堪，甚至心生怨恨；还有不要傲慢地拒绝，以傲慢的态度拒绝他人，别人很难接受，一个盛气凌人、态度傲慢不恭的人，谁也不会喜欢亲近。

五、模拟训练

【训练7-5】　　　　拒绝他人的情景演练

1. 情景演练

学生自由组合两人一组，一起在课堂上演练下面的场景：

（1）最好的朋友有急事向你借钱，而你每月要付房贷，你会如何拒绝？

(2) 朋友在派对中给你一杯酒并游说你去尝试。你对酒是十分反感的，你会怎样拒绝？

(3) 朋友给你一根香烟并游说你去尝试，你对吸烟是十分反感的，你会怎样拒绝？

2. 思考与讨论

(1) 对周围的朋友向你提出的不合理要求，你能够克服心理障碍去拒绝吗？

(2) 你是否能够理解拒绝的几个技巧？

(3) 下次再面对不合理的要求时，尝试使用拒绝的详细程序，体会结果。

(4) 拒绝别人最重要的是克服心理障碍。对照自己，回答下列问题：

根据自己的条件，看看自己是否有难以拒绝别人的心理障碍？如果有，能否找到原因？

对自己来说，改变哪些方面困难些？哪些方面容易些？

影响自己行为的最大障碍是什么？

激励自己改变的最大动力是什么？

【训练7-6】　　如何拒绝上司安排的任务

训练背景：老板本来给赵飞安排了许多工作，赵飞已经是不堪重负。但是，老板似乎忘记了以前给他安排过的工作，这天又给他分配了其他的事情，赵飞该如何拒绝？

讨论演示：拒绝接受不善体谅他人而又十分苛刻的上司的要求，通常都被视为极度艰难甚至不可能的事。但是，有些老练的管理者却找到了一种极为有效的拒绝方法：经常将来自上司的原已过多的工作，按轻重缓急编排办事优先次序表，当上司再提出额外的工作要求时，即展示该优先次序表，由他决定最新的工作在该优先次序表中的恰当位置。

这种做法有三个好处：第一，让上司做主裁决，表示对上司的尊重。

第二,行事优先次序表既已排满,则任何额外的工作要求都可能令原有的一部分工作要求无法按原定计划完成,因此除非新的工作要求具高度重要性,否则上司将不得不撤销它或找他人代理。就算新的工作要求具有高度重要性,上司也将不得不撤销或延缓一部分原已指派的工作,以使新的工作得以完成。第三,下属若采取这种拒绝方式,将可避免上司误以为自己在推卸责任。

【训练7-7】　上司该如何拒绝下属的要求

训练背景:在某一个极度繁忙的下午,某一女职员突然要求请假2小时回家,因为家具店将送一批家具到家里,她必须回家开门并点收。面对这种情况,一般的管理者通常会采取下面两种对策之一:第一,断然拒绝这种不合时宜的要求,而不理会她的感受;第二,充好人而勉强接受她的要求。

现在你作为部门主管,如何处理?请学生讨论并演示。

思考以上两种对策可能导致什么问题。倘若管理者客观地权衡当时的情况,正确的做法是"不应准假"。但是,管理者应如何拒绝准假才不致产生不良后果或使不良后果减至最小呢?

讨论演示:以下是一种颇值得效法的拒绝方式:"我很明白,当贵重的物品运到而无人在家开门,确实是一件令人担心的事。因此,只要有可能,我们很愿意准假而让你回家。但问题是,我必须在明日之前交货。倘若无法按约定的时间交货,则将丧失一位大客户。你是我的得力助手。不过,我倒有个建议。你何不打电话给家具店,请他们明天下午再送出家具?到那时我已交了货,就可以给你足够的时间回家处理私事。"

当然,以上的答复可能仍然难以令该下属感到完全满意,但是她的主管至少已采用了最好的方式处理这件事。这种处理方式具有下列五个好处:第一,管理者郑重其事地考虑了她的要求,而不是不假思索地一笔抹杀;第二,管理者向她表示,他了解家具对她是多么的重要;第三,管理者耐心地向她解释，何以不准她告假；第四，管理者令她知道，她是一位得力的助手，这有助于她接受拒绝；第五，管理者为她提供了解决家具运送问题的其他可行途径。

第三节　冲突处理

　　冲突指的是表现在满足个人或群体需要的过程中遇到阻力或障碍，使双方在观点、需要、欲望、利益上发生矛盾，又因不相容、不相让而引发情感上的激烈争斗。

　　在人们共同生活的世界里，除了平静、和谐还时常有冲突发生，大到国与国之间，小到人与人之间。实际上，冲突是无处不在的，无论是在与个人争论还是代表国家谈判，都应该学会体恤别人、聆听别人以及与别人和谐相处，同时，应用理性的思考来平衡情感。使一方获利、一方受损的方法是不能解决冲突的，可能赢了争吵，但同时也丧失了友谊；也有可能现在赢了，将来则会失利。所以，明智的做法是首先要尽量了解冲突，然后考虑解决或合理利用它的方式。

一、冲突产生的原因

　　人们都会坚持自己的意见，而常常又以为自己的看法是最客观、最合情合理的，于是就会引起争论。总体来说，冲突的成因有以下几种：组织和个人对目标的理解、看法不同，实现目标的途径、方法不同；个体之间性格、脾气、习惯不同；资源分配和利用上发生矛盾；社会角色不同，任务、职责、利益、追求不同；信息渠道不畅，产生误解；不会协调组织和群众的关系；缺乏情绪宣泄场所，情绪长久积压；分配不当，不公平不公正；帮派意识，小团体狭隘利益等。

二、化解冲突的技巧

(一) 协调沟通要及时、双向

组织内必须做到及时沟通，积极引导，求同存异，把握时机，适时协调。唯有做到及时，才能最快求得共识，保持信息的畅通，而不至于由于信息不畅积累矛盾。

协调沟通一定要是双向的，必须要能够保证信息被接受者接到和理解，所以，组织内部的所有沟通方式必须要有回馈机制，保证接受者能够接收到。比如，电子邮件进行协调沟通，无论是接收者简单回复"已收到""OK"等，还是电话回答收到，都必须保证接收者收到信息。

建立良好的回馈机制，不仅让团队养成良好的回馈工作习惯，还可以增进团队每个人的执行力，也就保证了整个团队拥有良好的执行力。

(二) 控制情绪，冷静思考

面对他人的冒犯、攻击，应保持头脑冷静，不急、不气、不发火、不冲动、不感情用事。当出现负面情绪时，不要急于去协调沟通，尤其是在不能做决定时。因为在负面情绪中，沟通常常说不清、道不明，而且还很容易因冲动而失去理性。尤其是不能够在负面情绪中做出冲动性的决定，冲动性决定很容易让事情不可挽回，令人后悔。

不管赞同与否都让对方把话说完，要弄清对方到底为什么要冒犯你，你可以用温和的态度提问，以确认对方冒犯你的真正原因，努力理解对方，体谅对方的情感。俗语说"无风不起浪"，仔细分析矛盾和纠纷产生的原因，查清问题的来龙去脉，这就便于摆事实、讲道理，消除对方的怒气，使冲突获得缓解。

(三) 善于倾听，合理疏导

保持开放的姿态。说话的声音要诚恳、清晰、平稳、坚定，不要大喊大叫。面部表情要开朗，目光要亲切，这样可以使对方放松下来。用开放的身体姿态,表示你愿意倾听。

拒绝争辩,不要下判断、提建议。也可能你的观点完全正确,但对方正在冲动情绪控制下,难免强词夺理和你争辩,所以冷静地告诉对方你的感受或者走开。

遇到对方蛮横无理、不依不饶的情况,如果对方冒犯继续升级,你可以清楚地告诉对方,这样的局面不利于问题的解决,还是双方平静地沟通为好。如果对方还是不能平静下来,暂时不再同他讨论这个问题,等到双方恢复平静,再进行解决。

(四)开阔心胸,学会忍让

有时冲突的原因并非是很重要的原则性问题,甚至只是些鸡毛蒜皮的小事;有时虽然事关个人的切身利益,但是从长远来看,如果你暂时做了让步,得到的也许是更好的结果,而争下去只会导致两败俱伤。这时就该采取妥协的态度来化解矛盾,正所谓"化干戈为玉帛"。

总之,冲突出现,不要恐慌和害怕,只要找到合适的解决方法,不但能使冲突得到有效解决,而且也有利于职场的沟通。

三、管理冲突的方法

专家根据武断性程度和合作性程度做了一个矩阵,这就是"托马斯—基尔曼模型"。从这个模型可以看出,团队冲突有五种处理方式。

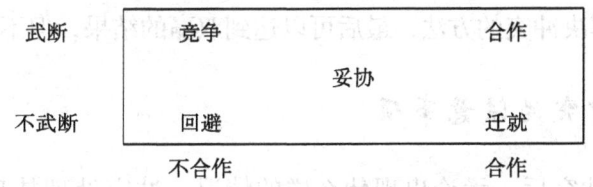

图7-1 托马斯—基尔曼模型

(一)竞争

竞争是由于团队冲突的双方都采取武断行为所造成的。冲突双方都站在各自的立场上，各不相让，一定要分出胜负和是非曲直，这样冲突也就在所难免了。

（二）回避

双方都想合作，但既不采取合作性行动，也不采取武断性行动。"你不找我，我不找你"，双方回避这件事。回避是日常工作中最常用的一种解决冲突的方法。但采用回避的方式，会有更多的工作被耽误，更多的问题被积压，更多的矛盾被激发，解决不了问题。

（三）迁就

团队冲突的双方有一方高度合作、不武断，也就是说，只考虑对方的要求和利益，不考虑或牺牲自己的要求和利益；而另一方则是高度武断的，不合作的，也就是只考虑自己的利益，不考虑对方的要求和利益。这种状态下，有一些问题就积压下来了，会导致再次冲突。

（四）妥协

冲突双方都有部分合作，但又都有武断。这种情形下双方都"你让三分，我让三分"，双方都让出一部分要求和利益，但同时又保存了一部分要求和利益。这是很多职场人士与同事打交道时常用的方式。

（五）合作

冲突双方高度合作，并且高度武断。就是说冲突双方既考虑和维护自己的要求和利益，又充分考虑和维护对方的要求和利益，并最终达成共识。合作是一种理想的解决冲突的方法，最后可以达到双赢的结果，但不容易做到。

四、处理冲突的注意事项

在介入冲突后，无论出现什么样的情况，冲突处理技巧都显得非常重要，以下是处理冲突的一些技巧。

（一）反应要及时

冲突出现后，不能让冲突久拖不决，这样容易对冲突双方造成长期的伤害，对整个团队的效率产生不良影响。所以当冲突出现时，反应的敏捷是至关重要的，以免引起事态的恶化。团队内必须做到及时沟通，积极引导，求同存异，把握时机，适时协调。唯有做到及时，才能最快求得共识，保持信息的畅通，而不至于导致信息不畅、矛盾积累。

（二）沟通要彻底

首先确定冲突的问题是什么，然后要了解问题背后的原因。沟通不畅是引起团队冲突的重要原因。沟通不良往往表现在如下几个方面：信息的不对称，评价指标的差异，倾听技巧的缺乏，言语理解的偏差，沟通过程的干扰，团队成员的误会等。团队成员彼此之间，如果能够顺利交流、相互了解，那么发生冲突的可能性就会大为减少。所以要解决冲突就要彻底沟通，弄清冲突双方的需求，这将非常有助于冲突的解决。

（三）能够换位思考

当出现冲突时，冲突双方往往是从自身的角度出发来考虑事态的演变和事件的结果，这就导致冲突双方的矛盾不可调和。如果冲突双方能站在对方立场上从对方的角度来考虑一下问题，体验一下不同角色的内心感受和情绪变化，事情往往就会好办得多。但换位思考不是人人都能做到的，这种能力需要有意识地进行培养，养成关心他人的习惯之后才可能有这种体验。

（四）面对冲突时要冷静决策

人们在遇到冲突时，往往不够冷静、考虑不够周全，这个时候的人们在思考问题时容易缺乏全局观念，决策时的信息依据也容易丢失。因此，在不冷静的时候做出的决策经常会令人后悔不已，应尽量避免在不冷静的状态下做出决策。

（五）以"宽恕"之心处理冲突

常言道：忍一时风平浪静，退一步海阔天空。职场中的冲突大多都是工作、性格、质量、言语、习惯等小冲突，不是什么事关生死存亡的冲突。当冲突出现，我们不妨表现得大度一些，得饶人处且饶人。宽容的人能将大事化小、小事化了。冲突双方不妨尝试和颜悦色地说一些宽恕容忍对方的话，往往能收到一些意想不到的效果。宽恕不仅能消除对方的敌意，还能给自己减轻不少压力。对一个团队来说，它是处理团队关系的润滑剂，不妨去试一试。

（六）以正面情绪处理冲突

在负面情绪中做出的判断往往是不正确的。在负面情绪或暴怒下的人智商是最低的，人们往往表现得没有智慧。负面情绪中的协调沟通常常没有逻辑，既理不清，也讲不明，还很容易因冲动而失去理性，如吵得不可开交的夫妻、反目成仇的家人、对峙已久的同事都是常有的例子。尤其要注意不能够在负面情绪中做出错误的判断，以免让事情变得不可挽回。

（七）以坦诚的态度处理冲突

在解决冲突时，除了要有一个坦诚的态度外，还要有博大的胸襟，做到相互包容，以自己希望被对待的方式对待他人。胸宽则能容，能容则众归。如果处处工于心计、气量狭小，那么，不但不会取得任何真正的成功，也体会不到团队合作的满足与快乐，更不用说能建设性地解决冲突了。

五、冲突处理能力评估

工作中的分歧和冲突在所难免，关键在于如何处理冲突。良好的冲突处理方式可以化解矛盾，获得对方的理解和支持，否则可能导致关系紧张，产生隔膜或纠纷。

每个人都有自己应付冲突的方式和风格，个体处理冲突的方式大体上有三种倾向：非抗争型、解决问题型和控制型。

（一）测试问题

请针对以下表格中的问题，选择一个答案：A. 从不如此；B. 大多不如此；C. 偶尔不如此；D. 说不准；E. 偶尔如此；F. 大多如此；G. 总是如此。请根据自己的第一印象回答，不要过多考虑。

问题描述	选择答案
1. 我不敢和上级提出会引起争议的问题	
2. 当我和上级的意见不一致时，我会把双方的意见结合起来，设法想出另一个全新的点子来解决问题	
3. 当我不同意上级的看法时，我会把自己的意见讲出来	
4. 为了避免争议，我会保持沉默	
5. 我所提出的办法，都能融合各种不同的意见	
6. 当我想让上级接受我的看法时，我会提高我的音量	
7. 我会婉转地把争议的激烈程度减弱下来	
8. 我和上级意见出现分歧时，我会以折中的方式解决	
9. 我会据理力争，直到上级了解我的立场	
10. 我会设法使双方的分歧显得并没有那么重要	
11. 我认为应该坐下来好好谈谈才能解决矛盾	
12. 当我和上司争执时，我会坚定表明我的意见	

（二）**参考答案**

完成题目后，请参考下面的答案。如果选择答案 A 或 B，对应的题号的结论分别是：1 控，2 非，3 非，4 控，5 控，6 非，7 控，8 控，9 非，10 控，11 控，12 非。（控：代表控制型倾向，非：代表非抗争性倾向。）如果选择答案是 C、D、E，那么该题目的结论是：解决型。

（三）**结论与建议**

在非抗争性方面、解决问题方面、控制方面，哪个得分最多，表明你更经常地采用该方式来应付冲突（结果仅为参考）。

非抗争型的个体会尽量避免和上级发生冲突。如果发生冲突，为了维持和上级的关系，会牺牲自己的观点以减少和上级的分歧，或者主观认为自己是对的，采取退缩或压抑的方式，对冲突漠不关心或希望逃避和上级的争论，不喜欢拿主意，不适合做领导。

解决问题型的个体面对冲突时会在澄清彼此异同的基础上提出一个能使双方都满足的办法，或者使双方都做出一定的让步，让双方的利益得到部分的满足，从而使问题能够解决，但不善于授权，不适合管理多个团队。

控制型的个体面对冲突时更关注自己目标的实现和获得的利益，而不顾虑冲突对方的影响。控制型的人作为领导喜欢强权，存在过度集权的危险。

本章小结

人们把自己的观点、想法和思路准确有效地传达给他人，并需要对方接受自己的意见或建议，然后付诸实施的过程就是说服。与这个过程反向的行为则是拒绝。

说服他人的原则包括：应用真诚、可靠、权威、魅力来建立信赖感；并且打造信息内容，利用真理的力量，晓之以理；关注说服方式，依靠情感的力量，动之以情；了解说服对象，感同身受，运用同理心。同时还可以运用说服的七个技巧来提高说服能力。

学会拒绝他人首先要了解难以拒绝他人的心理障碍的成因。拒绝的方法有：直接分析法、巧妙转移法、微笑打断法、拖而不办法和李代桃僵法。拒绝的过程中，要放下手中的事情，认真倾听；认可对方的感受，表示理解；同时可以说些体量或者赞赏的话，暂不表态；拒绝的态度要真诚，语速缓慢；最后拒绝后要表示热情、体贴。在拒绝过程中，也要适当运用拒绝的艺术。

职场冲突是普遍存在的，产生冲突的原因有许多种。化解冲突的技巧包括：协调沟通要及时、双向；控制情绪、冷静思考；善于倾听、合理疏导；开阔心胸、学会忍让。管理冲突的方法有竞争、回避、迁就、妥协和合作。另外也要掌握处理冲突的注意事项。

第八章
创新创业能力综合训练

测试一 MBTI 职业性格测试

一、测试题目

MBTI 职业性格测试题目如下，每 7 题为一部分，请找出你选择最多的那个字母，按顺序进行排列。每道题无须考虑很久，找张纸记下来你的答案就好。

第一部分

1. 你倾向从何处得到力量：
   （E）别人
   （I）自己的想法
2. 当你参加一个社交聚会时，你会：
   （E）在夜色很深时，一旦你开始投入，也许就是最晚离开的那一个
   （I）在夜晚刚开始的时候，我就疲倦了并且想回家
3. 下列哪一件事听起来比较吸引你？
   （E）与情人到有很多人且社交活动频繁的地方

（I）待在家中与情人做一些特别的事情，例如观赏一部有趣的录影带并享用你最喜欢的外卖食物

4. 在约会中，你通常：

（E）整体来说很健谈

（I）较安静并保留，直到你觉得舒服

5. 过去，你遇见你大部分的异性朋友是通过：

（E）在宴会中、夜总会、工作上、休闲活动中、会议上或当朋友介绍我给他们的朋友时

（I）通过私人的方式，例如个人广告、录影约会，或是由亲密的朋友和家人介绍

6. 你倾向拥有：

（E）很多认识的人和很亲密的朋友

（I）一些很亲密的朋友和一些认识的人

7. 过去，你的朋友和同事倾向对你说：

（E）你难道不可以安静一会儿吗

（I）可以请你从你的世界中出来一下吗

第二部分

8. 你倾向通过以下哪种方式收集信息：

（N）你对有可能发生之事的想象和期望

（S）你对目前状况的实际认知

9. 你倾向相信：

（N）你的直觉

（S）你直接的观察和现成的经验

10. 当你置身于一段关系中时，你倾向相信：

（N）永远有进步的空间

（S）若它没有被破坏，不予修补

11. 当你对一个约会觉得放心时，你偏向谈论：

（N）未来，关于改进或发明事物和生活的种种可能性。例如，你也许会谈论一个新的科学发明，或一个更好的方法来表达你的感受

（S）实际的、具体的、关于"此时此地"的事物。例如，你也许会谈论品酒的好方法，或你即将要参加的新奇旅程。

12. 你是这种人:

(N) 喜欢先纵观全局

(S) 喜欢先掌握细节

13. 你是这类型的人:

(N) 与其活在现实中,不如活在想象里

(S) 与其活在想象里,不如活在现实中

14. 你通常:

(N) 偏向于去想象一大堆关于即将来临的约会的事情

(S) 偏向于拘谨地想象即将来临的约会,只期待让它自然地发生

第三部分

15. 你倾向如此做决定:

(F) 首先依你的心意,然后依你的逻辑

(T) 首先依你的逻辑,然后依你的心意

16. 你倾向比较能够察觉到:

(F) 当人们需要情感上的支持时

(T) 当人们不合逻辑时

17. 当和某人分手时:

(F) 你通常让自己的情绪深陷其中,很难抽身出来

(T) 虽然你觉得受伤,但一旦下定决心,你会直截了当地将过去恋人的影子甩开

18. 当与一个人交往时,你倾向于看重:

(F) 情感上的相容性:表达爱意和对另一半的需求很敏感

(T) 智慧上的相容性:沟通重要的想法;客观地讨论和辩论事情

19. 当你不同意情人的想法时:

(F) 你尽可能地避免伤害对方的感情;若是会对对方造成伤害的话,你就不会说

(T) 你通常毫无保留地说话,并且对情人直言不讳,因为对的就是对的

20. 认识你的人倾向形容你为:

(F) 热情和敏感

(T) 逻辑和明确

21. 你把大部分和别人的相遇视为：

（F）友善及重要的

（T）另有目的

第四部分

22. 若你有时间和金钱，你的朋友邀请你到国外度假，并且在前一天才通知，你会：

（J）必须先检查你的时间表

（P）立刻收拾行装

23. 在第一次约会中，若你所约的人来迟了：

（J）你会很不高兴

（P）一点儿都不在乎，因为你自己常常迟到

24. 你偏好：

（J）事先知道约会的行程：要去哪里，有谁参加，你会在那里多久，该如何打扮

（P）让约会自然地发生，不做太多事先的计划

25. 你选择的生活充满着：

（J）日程表和组织

（P）自然发生和弹性

26. 哪一项较常见：

（J）你准时出席而其他人都迟到

（P）其他人都准时出席而你迟到

27. 你是这种喜欢……的人：

（J）下定决心并且做出最后肯定的结论

（P）放宽你的选择面并且持续收集信息

28. 你是此类型的人：

（J）喜欢在一段时间里专心于一件事情直到完成

（P）享受同时进行好几件事情

二、分析

(一) 得分

每一部分中那些得分较高的字母代表你四种最强的偏好,当它们合并起来时,将决定你的性格典型。

例如说,你也许是(ENFP),或是(ISTJ),或是个性典型十六类型中的任何一类,完全看那四个字母的组合。如果在你所偏好的字母上之得分是4,那表示这个偏好是中度的;得5分或6分表示渐强的偏好;而7分则代表非常强烈的偏好。

(二) 不同性格的特征

(1) ISTJ。ISTJ型的人是严肃的、有责任心的和通情达理的社会坚定分子。他们值得信赖,他们重视承诺,对他们来说,言语就是庄严的宣誓。

ISTJ型的人工作缜密,讲求实际,很有头脑也很现实。他们具有很强的集中力、条理性和准确性。无论他们做什么,都相当有条理和可靠。他们具有坚定不移、深思熟虑的思想,一旦他们着手自己相信是最好的行动方法时,就很难转变或变得沮丧。

ISTJ型的人特别安静和勤奋,对于细节有很强的记忆和判断。他们能够引证准确的事实支持自己的观点,把过去的经历运用到现在的决策中。他们重视和利用符合逻辑、客观的分析,以坚持不懈的态度准时地完成工作,并且总是安排有序,很有条理。他们重视必要的理论体系和传统惯例,对于那些不是如此做事的人则很不耐烦。

ISTJ型的人总是很传统、谨小慎微。他们聆听和喜欢确实、清晰地陈述事物。ISTJ型的人天生不喜欢显露,即使危机之时,也显得很平静。他们总是显得责无旁贷、坚定不变,但是在他们冷静的外表之下,也许有强烈却很少表露的反应。

适合领域：工商业领域、政府机构、金融银行业、技术领域、医务领域。

适合职业：审计师，会计师，财务经理，办公室行政管理，后勤和供应管理，中层经理，公务（法律、税务）执行人员；银行信贷员，成本估价师，保险精算师，税务经纪人，税务检查员；机械或电气工程师，计算机程序员，数据库管理员，地质学家，气象学家，法律研究者，律师；外科医生，药剂师，实验室技术人员，牙科医生，医学研究员等。

（2）ISFJ。ISFJ型的人忠诚、有奉献精神和同情心，理解别人的感受。他们意志清醒而有责任心，乐于为人所需。

ISFJ型的人十分务实，他们喜欢平和谦逊的人。他们喜欢利用大量的事实情况，对于细节有很强的记忆力。他们耐心地对待任务的整个阶段，喜欢事情能够清晰明确。

ISFJ型的人具有强烈的职业道德，所以他们如果知道自己的行为真正有用时，会对需要完成之事承担责任。他们准确系统地完成任务。他们具有传统的价值观，十分保守。他们利用符合实际的判断标准做决定，通过出色的注重实际的态度增加了稳定性。

ISFJ型的人平和谦虚、勤奋严肃。他们温和、圆通，支持朋友和同伴。他们乐于协助别人，喜欢实际可行地帮助他人。他们利用个人热情与人交往，在困难中与他人和睦相处。

ISFJ型的人不喜欢表达个人情感，但实际上对于大多数的情况和事件都具有强烈的个人反应。他们关心、保护朋友，愿意为朋友献身，他们有为他人服务的意识，愿意完成他们的责任和义务。

适合领域：医护领域、消费类商业、服务业领域。

适合职业：行政管理人员，总经理助理，秘书，人事管理者，项目经理，物流经理，律师助手；外科医生及其他各类医生，护士，药剂师，医学专家，营养学专家，顾问；零售店或精品店业主，大型商场或酒店管理人员，室内设计师等。

（3）INFJ。INFJ型的人生活在思想的世界里。他们是独立的、有独创性的思想家，具有强烈的感情、坚定的原则和正直的人性。即使面对怀疑，INFJ型的人仍相信自己的看法与决定。他们对自己的评价高于其他的一切，包括流行观点和存在的权威，这种内在的观念激发着他们的积极性。通常INFJ型的人具有本能的洞察力，能够看到事物更深层的含义。即使他人无法分享他们的热情，但灵感对于他们重要而令人信服。

INFJ型的人忠诚、坚定、富有理想。他们珍视正直，十分坚定以致达到倔强的地步。因为他们的说服能力，以及对于什么对公共利益最有利有清楚的看法，所以INFJ型的人会成为伟大的领导者。由于他们的贡献，他们通常会受到尊重或敬佩。因为珍视友谊和和睦，INFJ型的人喜欢说服别人，使之相信他们的观点是正确的。通过运用嘉许和赞扬，而不是争吵和威胁，他们赢得了他人的合作。他们愿意毫无保留地激励同伴，避免争吵。通常INFJ型的人是深思熟虑的决策者，他们觉得问题使人兴奋，在行动之前他们通常要仔细地考虑。他们喜欢全神贯注于一件事情，这会造成一段时期的专心致志。满怀热情与同情心，INFJ型的人强烈地渴望为他人的幸福做贡献。他们注意其他人的情感和利益，能够很好地处理复杂的人和事。

INFJ型的人本身具有深厚复杂的性格，既敏感又热切。他们内向，很难被人了解，但是愿意同自己信任的人分享内在的自我。他们往往有一个交往深厚、持久的小规模的朋友圈，在合适的氛围中能产生充分的个人热情和激情。

适合领域：咨询、教育、科研等领域；文化、艺术、设计等领域。

适合职业：心理咨询工作者，心理诊疗师，职业指导顾问，大学教师（人文学科、艺术类），心理学、教育学、社会学、哲学及其他领域的研究人员；作家，诗人，剧作家，电影编剧，电影导演，画家，雕塑家，音乐家,艺术顾问,建筑师,设计师等。

(4) INTJ。INTJ 型的人是完美主义者。他们强烈地要求个人自由和能力,同时在他们独创的思想中,不可动摇的信仰促使他们达到目标。

INTJ 型的人思维严谨、有逻辑性、足智多谋,他们能够看到新计划实行后的结果。他们对自己和别人都很苛求,往往几乎同样强硬地逼迫别人和自己。他们并不十分受冷漠与批评的干扰,作为所有性格类型中最独立的,INTJ 型的人更喜欢以自己的方式行事。面对相反意见,他们通常持怀疑态度,十分坚定。权威本身不能强制他们,只有他们认为这些规则对自己更重要的目标有用时,才会去遵守。

INTJ 型的人是天生的谋略家,具有独特的思想、伟大的远见和远大的梦想。他们天生精于理论,对于复杂而综合的概念运转灵活。他们是优秀的战略思想家,通常能清楚地看到任何局势的利处和缺陷。对于感兴趣的问题,他们是出色的、具有远见和见解的组织者。如果是他们自己形成的看法和计划,他们会投入不可思议的注意力、能量和积极性。领先到达或超过自己的高标准的决心和坚韧不拔,使他们获得许多成就。

适合领域:科研、科技应用、技术咨询、管理咨询、金融、投资领域、创造性行业。

适合职业:各类科学家,研究所研究人员,设计工程师,系统分析员,计算机程序师,研究开发部经理等;各类技术顾问,技术专家,企业管理顾问,投资专家,法律顾问,医学专家,精神分析学家等;经济学家,投资银行研究员,证券投资和金融分析员,投资银行家,财务计划人,企业并购专家等;各类发明家,建筑师,社论作家,设计师,艺术家等。

(5) ISTP。ISTP 型的人坦率、诚实、讲求实效,他们喜欢行动而非漫谈。他们很谦逊,对于完成工作的方法有很好的理解力。ISTP 型的人擅长分析,所以他们对客观含蓄的原则很有兴趣。他们对于技巧性的事物有天生的理解力，通常精于使用工具和进行手工劳动。他们往往能做出有条理而保密的决定。他们仅仅是按照自己所看到的、有条理而直接地陈述事实。

ISTP型的人好奇心强，而且善于观察，只有理性、可靠的事实才能使他们信服。他们重视事实，简直就是有关他们知之甚深的知识的宝库。他们是现实主义者，所以能够很好地利用可获得的资源，同时他们善于把握时机，这使他们变得很讲求实效。

ISTP型的人平和而寡言，往往显得冷酷而清高，而且容易害羞，除了与好朋友在一起时。他们平等、公正。他们往往受冲动的驱使，对于即刻的挑战和问题具有相当的适应性和反应能力。因为他们喜欢行动和兴奋的事情，所以他们乐于户外活动和运动。

适合领域：技术领域；证券、金融业、贸易、商业领域；户外、运动、艺术等领域。

适合职业：机械、电气、电子工程师，各类技术专家和技师，计算机硬件、系统集成专业人员等；证券分析师，金融、财务顾问，经济学研究者等；贸易商，商品经销商，产品代理商（有形产品为主）等；警察，侦探，体育工作者，赛车手，飞行员，雕塑家，手工制作家，画家等。

（6）ISFP。ISFP型的人平和、敏感，他们保持着许多强烈的个人理想和自己的价值观念。他们更多地通过行为而不是言辞表达自己深沉的情感。

ISFP型的人谦虚而缄默，但实际上他们是具有巨大的友爱和热情之人，但是除了与他们相知和信赖的人在一起外，他们不经常表现出自我的另一面。因为ISFP型的人不喜欢直接地自我表达，所以常常被误解。

ISFP型的人耐心、灵活，很容易与他人相处，很少支配或控制别人。他们很客观，以一种相当实事求是的方式接受他人的行为。他们善于观察周围的人和物，却不寻求发现动机和含义。

ISFP 型的人完全生活在现在，所以他们的准备或计划往往不会多于必需，他们是很好的短期计划制定者。因为他们喜欢享受目前的经历，而不继续向下一个目标兑现，所以他们对完成工作感到很放松。

ISFP 型的人对于从经历中直接了解和感受的东西很感兴趣，常常富有艺术天赋和审美感，力求为自己创造一个美丽而隐蔽的环境。没有想要成为领导者，ISFP 型的人经常是忠诚的追随者和团体成员。因为他们利用个人的价值标准去判断生活中的每一件事，所以他们喜欢那些花费时间去认识他们和理解他们内心的忠诚之人。他们需要最基本的信任和理解，在生活中需要和睦的人际关系，对于冲突和分歧则很敏感。

适合领域：手工艺、艺术领域；医护领域；商业、服务业领域。

适合职业：时装、首饰设计师，装潢、园艺设计师，陶器、乐器、卡通、漫画制作者，素描画家，舞蹈演员，画家等；出诊医生，出诊护士，理疗师，牙科医生，个人健康和运动教练等；餐饮业、娱乐业业主，旅行社销售人员，体育用品、个人理疗用品销售员等。

(7) INFP。INFP 视内在的和谐高于其他一切。他们敏感、理想化、忠诚，对于个人价值具有一种强烈的荣誉感。他们个人信仰坚定，有为自认为有价值的事业献身的精神。

INFP 型的人对于已知事物之外的可能性很感兴趣，精力集中于他们的梦想和想象。他们思维开阔、有好奇心和洞察力，常常具有出色的长远眼光。在日常事务中，他们通常灵活多变、具有忍耐力和适应性，但是他们非常坚定地对待内心的忠诚，为自己设定了事实上几乎是不可能的标准。

INFP 型的人具有许多使他们忙碌的理想和忠诚。他们十分坚定地完成自己所选择的事情，他们往往承担得太多，但不管怎样总要完成每件事。虽然对外部世界他们显得冷淡缄默，但 INFP 型的人很关心内在。他们富有同情心、理解力，对于别人的情感很敏感。除了他们的价值观受到威胁外，他们总是避免冲突，没有兴趣强迫或支配别人。

INFP 型的人常常喜欢通过书写而不是口头来表达自己的感情。当 INFP 型的人劝说别人相信他们的想法的重要性时，可能是最有说服力的。

INFP 很少显露强烈的感情，常常显得沉默而冷静。然而，一旦他们与你认识了，就会变得热情友好，但往往会避免浮浅的交往。他们珍视那些花费时间去思考目标与价值的人。

适合领域：创作、艺术类；教育、研究、咨询类。

适合职业：各类艺术家，插图画家，诗人，小说家，建筑师，设计师，文学编辑，艺术指导，记者等；大学老师（人文类），心理学工作者，心理辅导和咨询人员，社科类研究人员，社会工作者，教育顾问，图书管理者，翻译家等。

（8）INTP。INTP 型的人是理性问题解决者。他们很有才智和条理性，以及创造方面的突出才华表现。

INTP 型的人外表平静、缄默、超然，内心却专心于分析问题。他们苛求精细、惯于怀疑。他们努力寻找和利用原则以理解许多想法。他们喜欢有条理和有目的的交谈，而且可能会仅仅为了高兴，争论一些无益而琐细的问题。只有有条理的推理才会使他们信服。通常 INTP 型的人是足智多谋、有独立见解的思考者。他们重视才智，对于个人能力有强烈的欲望，有能力也很感兴趣向他人挑战。

INTP 型的人最主要的兴趣在于理解明显的事物之外的可能性。他们乐于为了改进事物的目前状况或解决难题而进行思考。他们的思考方式极端复杂，而且他们能很好地组织概念和想法。偶尔，他们的想法非常复杂，以至于很难向别人表达和被他人理解。

INTP 型的人十分独立，喜欢冒险和富有想象力的活动。他们灵活易变、思维开阔，更感兴趣的是发现有创见而且合理的解决方法，而不是仅仅看到既成事实的解决方式。

适合领域：计算机技术；理论研究、学术领域；专业领域；创造性领域。

适合职业：软件设计员，系统分析师，计算机程序员，数据库管理，故障排除专家等；大学教授，科研机构研究人员，数学家，物理学家，经济学家，考古学家，历史学家等；证券分析师，金融投资顾问，律师，法律顾问，财务专家，侦探等；各类发明家，作家，设计师，音乐家，艺术家，艺术鉴赏家等。

（9）ESTP。ESTP型的人不会焦虑，因为他们是快乐的。ESTP型的人活跃、随遇而安、天真率直。他们乐于享受现在的一切而不是为将来计划什么。

ESTP型的人很现实，他们信任和依赖于自己对这个世界的感受。他们是好奇而热心的观察者。因为他们接受现在的一切，所以他们思维开阔，能够容忍自我和他人。ESTP型的人喜欢处理、分解能恢复原状的真实事物。

ESTP型的人喜欢行动而不是漫谈，当问题出现时，他们乐于去处理。他们是优秀的解决问题的人，这是因为他们能够掌握必要的事实情况，然后找到符合逻辑的明智的解决途径，而无须浪费大量的努力或精力。他们会成为适宜外交谈判的人，他们乐于尝试非传统的方法，而且常常能够说服别人给他们一个妥协的机会。他们能够理解晦涩的原则，在符合逻辑的基础上，而不是基于他们对事物的感受之上做出决定。因此，他们讲求实效，在情况必需时非常强硬。在大多数的社交场合中，ESTP型的人很友善、富有魅力、轻松自如而受人欢迎。在任何有他们的场合中，他们总是爽直、多才多艺和有趣，总有没完没了的笑话和故事。他们善于通过缓和气氛以及使冲突的双方相互协调，从而化解紧张的局势。

适合领域：贸易、商业、某些特殊领域；服务业；金融证券业；娱乐、体育、艺术领域。

适合职业：各类贸易商，批发商，中间商，零售商，房地产经纪人，保险经纪人，汽车销售人员，私家侦探，警察等；餐饮、娱乐及其他各类服务业的业主、主管、特许经营者，自由职业者等；股票经纪人，证券分析师，理财顾问，个人投资者等；娱乐节目主持人，体育节目评论员，脱口秀、音乐、舞蹈表演者，健身教练，体育工作者等。

（10）ESFP。ESFP型的人乐意与人相处，有一种真正的生活热情。他们顽皮活泼，通过真诚和玩笑使别人感到事情更加有趣。

ESFP型的人脾气随和、适应性强、热情友好、慷慨大方。他们擅长交际，常常成为别人的"注意中心"。他们热情而乐于合作地参加各种活动和节目，而且通常立刻能应对几种活动。

ESFP型的人是现实的观察者，他们按照事物的本身去对待并接受它们。他们往往信任自己能够听到、闻到、触摸和看到的事物，而不是依赖于理论上的解释。因为他们喜欢具体的事实，对于细节有很好的记忆力，所以他们能从亲身的经历中学到最好的东西。共同的感觉给予他们与人和物相处的实际能力。他们喜欢收集信息，从中观察可能自然出现的解决方法。

ESFP型的人对于自我和他人都能容忍和接受，往往不会试图把自己的愿望强加于他人。

ESFP型的人通融和有同情心，通常许多人都真心地喜欢他们。他们能够让别人采纳他们的建议，所以他们很擅长帮助冲突的各方重归于好。他们寻求他人的陪伴，是很好的交谈者。他们乐于帮助旁人，偏好以真实有形的方式给予协助。ESFP型的人天真率直，很有魅力和说服力。他们喜欢意料不到的事情，喜欢寻找给他人带来愉快和意外惊喜的方法。

适合领域：消费类商业、服务业领域；广告业、娱乐业领域；旅游业、社区服务等其他领域。

适合职业：精品店、商场销售人员，娱乐、餐饮业客户经理，房地产销售人员，汽车销售人员，市场营销人员（消费类产品）等；广告企业中的设计师、创意人员、客户经理、时装设计和表演人员，摄影师，节目主持人，脱口秀演员等；旅游企业中的销售、服务人员，导游，社区工作人员，自愿工作者，公共关系专家，健身和运动教练，医护人员等。

（11）ENFP。ENFP 型的人充满热情和新思想。他们乐观、自然、富有创造性和自信，具有独创性的思想和对可能性的强烈感受。对于 ENFP 型的人来说，生活是激动人心的戏剧。

ENFP 型的人对可能性很感兴趣，所以他们了解所有事物中的深远意义。他们具有洞察力，是热情的观察者，注意常规以外的任何事物。ENFP 型的人好奇心强，喜欢理解而不是判断。

ENFP 型的人具有想象力、适应性和可变性，他们视灵感高于一切，常常是足智多谋的发明人。

ENFP 型的人不墨守成规，善于发现做事情的新方法，为思想或行为开辟新道路，并保持它们的开放。在完成新颖想法的过程中，ENFP 型的人依赖冲动的能量。他们有大量的主动性，认为问题令人兴奋。他们也擅长从周围其他人身上得到能量，把自己的才能与别人的力量成功地结合在一起。

ENFP 型的人具有魅力、充满生机。他们待人热情、彬彬有礼、富有同情心，愿意帮助别人解决问题。他们具有出色的洞察力和观察力，常常关心他人的发展。ENFP 型的人避免冲突，喜欢和睦。他们把更多的精力倾注于维持个人关系而不是客观事物，喜欢保持一种广泛的关系。

适合领域：广告创意、广告撰稿、市场营销和宣传策划、市场调研人员、艺术指导、公关专家、公司对外发言人等。

适合职业：儿童教育老师，大学老师（人文类），心理学工作者，心理辅导和咨询人员，职业规划顾问，社会工作者，人力资源专家，培训师，演讲家等；记者（访谈类），节目策划和主持人，专栏作家，剧作家，艺术指导，设计师，卡通制作者，电影、电视制片人等。

（12）ENTP。ENTP 型的人喜欢兴奋与挑战。他们热情开放、足智多谋、健谈而聪明，擅长于许多事情，不断追求增加能力和个人权力。ENTP型的人天生富有想象力，他们深深地喜欢新思想，留心一切可能性。他们有很强的首创精神，擅长运用创造冲动。

ENTP型的人视灵感高于其他的一切，力求使他们的新颖想法转变为现实。他们好奇、多才多艺、适应性强，在解决挑战性和理论性问题时善于随机应变。

ENTP型的人灵活而率直，能够轻易地看出任何情况中的缺点，喜欢出于兴趣争论问题的某方面。他们有极好的分析能力，是出色的策略谋划者。他们几乎一直能够为他们所希望的事情找出符合逻辑的推理。大多数的ENTP型人喜欢审视周围的环境，认为多数的规则和章程如果不被打破，便意味着屈从。有时他们的态度不从习俗，乐于帮助别人超出可被接受和被期望的事情。他们喜欢自在地生活，在每天的生活中寻找快乐和变化。

ENTP型的人会富有想象力地处理社会关系，常常有许多的朋友和熟人。他们表现得很乐观、具有幽默感。ENTP型的人吸引和鼓励同伴，通过他们富有感染力的热情，鼓舞别人加入他们的行动中。他们喜欢努力理解和回应他人，而不是判断他人。

适合领域：投资顾问、项目策划、投资银行、自我创业市场营销、创造性领域；公共关系；政治。

适合职业：投资顾问（房地产、金融、贸易、商业等），各类项目的策划人和发起者，投资银行家，风险投资人，企业业主（新兴产业）等；市场营销人员，各类产品销售经理，广告创意、艺术总监，访谈类节目主持人，制片人等；公共关系专家，公司对外发言人，社团负责人，政治家等。

（13）ESTJ。ESTJ型的人喜欢高效率地工作，自我负责，监督他人工作，合理分配和处置资源，主次分明，井井有条；能制定和遵守规则，多喜欢在制度健全、等级分明、比较稳定的企业工作；倾向于选择较为务实的业务，以有形产品为主；喜欢工作中带有和人接触、交流的成分，但不以态度取胜；不特别强调工作的行业或兴趣，多以职业角度看待每一份工作。

ESTJ型的人很善于完成任务；他们喜欢操纵局势和促使事情发生；他们具有责任感，信守他们的承诺。他们喜欢条理性并且能记住和组织安排许多细节。他们及时和尽可能高效率地、系统地开始达到目标。

ESTJ型的人被迫做决定。他们常常以自己过去的经历为基础得出结论。他们很客观，有条理性和分析能力，以及很强的推理能力。事实上，除了符合逻辑外，其他没有什么可以使他们信服。同时，ESTJ型的人又很现实、有头脑、讲求实际。他们更感兴趣的是"真实的事物"，而不是诸如抽象的想法和理论等无形的东西。他们往往对那些其认为没有实用价值的东西不感兴趣。他们知道自己周围将要发生的事情，而首要关心的则是目前。因为ESTJ型的人依照一套固定的规则生活，所以他们坚持不懈和值得依赖。他们往往很传统，有兴趣维护现存的制度。虽然对于他们来说，感情生活和社会活动并不像生活的其他方面那样重要，但是对于亲情关系，他们却固守不变。他们不但能很轻松地判断别人，而且还是条理分明的纪律执行者。ESTJ型的人直爽坦率，友善合群。通常他们会很容易地了解事物，这是因为他们相信"你看到的便是你得到的"。

适合领域：无明显领域特征。

适合职业：大、中型外资企业员工，业务经理，中层经理（多分布在财务、营运、物流采购、销售管理、项目管理、工厂管理、人事行政部门），职业经理人，各类中小型企业主管和业主。

(14) ESFJ。ESFJ型的人通过直接的行动和合作积极地以真实、实际的方法帮助别人。他们友好、富有同情心和责任感。

ESFJ型的人把他们同别人的关系放在十分重要的位置，所以他们往往具有和睦的人际关系，并且通过很大的努力以获得和维持这种关系。事实上，他们常常理想化自己欣赏的人或物。

ESFJ型的人往往对自己以及自己的成绩十分欣赏，因而他们对于批评或者别人的漠视很敏感。通常他们很果断，勇于表达自己坚定的主张，乐于使事情很快得到解决。

ESFJ 型的人很现实，他们讲求实际、实事求是和安排有序。他们参与并能记住重要的事情和细节，乐于别人也能对自己的事情很确信。他们在自己的个人经历或在他们所信赖之人的经验之上制订计划或得出见解。他们知道并参与周围的物质世界，并喜欢具有主动性和创造性。

ESFJ 型的人十分小心谨慎，也非常传统化，因而他们能恪守自己的责任与承诺。他们支持现存制度，往往是委员会或组织机构中积极主动和乐于合作的成员，他们重视并能保持很好的社交关系。他们不辞劳苦地帮助他人，尤其在遇到困难或取得成功时，他们都很积极活跃。

适合领域：无明显领域特征。

适合职业：办公室行政或管理人员，秘书，总经理助理，项目经理，客户服务部人员，采购和物流管理人员；内科医生及其他各类医生，牙科医生，护士，健康护理指导师，饮食学、营养学专家，小学教师（班主任），学校管理者等；银行、酒店、大型企业客户服务代表，客户经理，公共关系部主任，商场经理，餐饮业业主和管理人员等。

(15) ENFJ。ENFJ 型的人热爱人类，他们认为人的感情是最重要的。而且他们很自然地关心别人，以热情的态度对待生命，感受与个人相关的所有事物。由于他们很理想化，按照自己的价值观生活，因此 ENFJ 型的人对于他们所尊重和敬佩的人、事业和机构非常忠诚。他们精力充沛、满腔热情、富有责任感、勤勤恳恳、锲而不舍。

ENFJ 型的人具有自我批评的自然倾向。然而，他们对他人的情感具有责任心，所以 ENFJ 型的人很少在公共场合批评他人。他们敏锐地意识到什么是（或不是）合适的行为。他们彬彬有礼、富有魅力、讨人喜欢、深谙社会。ENFJ 型的人具有平和的性格与忍耐力，他们长于外交，擅长在自己的周围激发幽默感。他们是天然的领导者，受人欢迎而有魅力。他们常常得益于自己口头表达的天分，愿意成为出色的传播工作者。

ENFJ型的人在自己对情况感受的基础上做决定，而不是基于事实本身。他们对显而易见的事物之外的可能性，以及这些可能性以怎样的方式影响他人感兴趣。ENFJ型的人天生具有条理性，他们喜欢一种有安排的世界，并且希望别人也是如此。即使其他人正在做决定，他们还是喜欢把问题解决了。

ENFJ型的人富有同情心和理解力，愿意培养和支持他人。他们能很好地理解别人，有责任感，关心他人。他们是理想主义者，因此他们通常能看到别人身上的优点。

适合领域：培训、咨询、教育；新闻传播、公共关系、文化艺术。

适合职业：人力资源培训主任，销售、沟通、团队培训员，职业指导顾问，心理咨询工作者，大学教师（人文学科类），教育学、心理学研究人员等；记者，撰稿人，节目主持人（新闻、采访类），公共关系专家，社会活动家，文艺工作者，平面设计师，画家，音乐家等。

（16）ENTJ。ENTJ型的人是伟大的领导者和决策者。他们能轻易地看出事物具有的可能性，很高兴指导别人，使他们的想象成为现实。他们是头脑灵活的思想家和伟大的长远规划者。因为ENTJ型的人具有很强的条理性和分析能力，所以他们通常对需要推理和才智的任何事情都很擅长。为了在工作中称职，他们通常会很自然地看出所处情况中可能存在的缺陷，并且立刻知道如何改进。他们力求精通整个体系，而不是简单地把它们作为现存的接受而已。

ENTJ型的人乐于完成一些需要解决的复杂问题，他们大胆地力求掌握使他们感兴趣的任何事情。ENTJ型的人把事实看得高于一切，只有通过逻辑的推理后才会确信。ENTJ型的人渴望不断增加自己的知识基础，他们系统地计划和研究新情况。他们乐于钻研复杂的理论性问题，力求精通任何他们认为有趣的事物。他们对于行为的未来结果更感兴趣，而不是事物现存的状况。

ENTJ 型的人是热心而真诚的天生的领导者，他们往往能够控制他们所处的任何环境。因为他们具有预见能力，并且向别人传播他们的观点，所以他们也是出色的群众组织者。他们往往按照一套相当严格的规律生活，并且希望别人也是如此。因此他们往往具有挑战性，艰难地推动自我和他人前进。

适合领域：工商业、政界；金融和投资领域；管理咨询、培训专业性领域。

适合职业：各类企业的高级主管，总经理，企业主，社会团体负责人，政治家等；投资银行家，风险投资家，股票经纪人，公司财务经理，财务顾问，经济学家，企业管理顾问，企业战略顾问，项目顾问，专项培训师等；律师，法官，知识产权专家，大学教师，科技专家等。

测试二　团队建设训练

一、训练要求

（1）学生分组：6~7人为一个小组。

（2）组建团队（公司），设计并以 PPT 形式展示团队建设方案。团队建设方案应包括三部分内容：①团队建设，团队名称、团队愿景、团队理念、组织架构、成员特点、团队领导及分工等；②团队发展，即需求或拟吸收的成员特点、团队的发展规划等；③团队整合与升级，即团队成员的上升空间、升迁路径、成员淘汰制度等。可以附加组织结构图、岗位说明书等必要文件。

（3）要求团队成员充分协商，集中多人的聪明才智。

（4）各团队展示团队建设成果，教师与学生评议员进行评议、评分。

二、训练时间

这个训练项目大约需要 2 天的时间，首先布置任务并进行分组，其次各组完成团队建设方案,再次组织团队展示,由学生评委进行评分,指导老师点评,也可以以竞赛的形式组织展示,最后上交团队建设成果。

三、评分表格式

评分表的格式如表8-1所示。

表8-1 团队建设评分表

名称	考核项目	分值	得分
评分	团队理念先进,组织架构科学	20	
	人员结构合理,角色分配明确	20	
	团队发展规划良好,团队愿景兼具现实性与发展性	20	
	团队建设成果展示准备充分,表现力强	15	
	团队建设方案完整规范,成果展示体现了团队合作精神	25	
总分		100	

评分人签名:

测试三 沟通风格评价

一、沟通风格评估:自我评价

请完成对人际沟通风格的自我评价。圈出最能代表你在下面列出的对称特征的自我评价分数。请坦诚地做出回答。这个测试没有正确或错误之分。

(一) 控制力自我评价

我认为我自己是:

(1) 合作的　　　1　2　3　4　5　　竞争的

(2) 顺从的　　　1　2　3　4　5　　独裁的

(3) 随和的　　　1　2　3　4　5　　专横的

（4）犹豫的	1	2	3	4	5	果断的
（5）内向的	1	2	3	4	5	外向的
（6）妥协的	1	2	3	4	5	坚持的
（7）谨慎的	1	2	3	4	5	冒险的
（8）耐心的	1	2	3	4	5	着急的
（9）自满的	1	2	3	4	5	有影响的
（10）安静的	1	2	3	4	5	健谈的
（11）羞涩的	1	2	3	4	5	大胆的
（12）支持的	1	2	3	4	5	命令的
（13）放松的	1	2	3	4	5	紧张的
（14）受拘束的	1	2	3	4	5	自信的

- 将本页中圈出的数字相加，得出总分。
- 将总分除以14计算出你的控制力分数。

（二）社交能力自我评价

我认为我自己是：

（1）有原则的	1	2	3	4	5	随和的
（2）收敛的	1	2	3	4	5	富于表情的
（3）严肃的	1	2	3	4	5	随便的
（4）有条不紊的	1	2	3	4	5	无条理的
（5）工于心计的	1	2	3	4	5	一时冲动的
（6）防备的	1	2	3	4	5	坦诚的
（7）坚决的	1	2	3	4	5	诙谐的
（8）冷漠的	1	2	3	4	5	友好的
（9）正式的	1	2	3	4	5	非正式的
（10）含蓄的	1	2	3	4	5	寻求注意的
（11）谨慎的	1	2	3	4	5	轻松的

（12）遵循惯例的	1	2	3	4	5	不守旧的
（13）不经意的	1	2	3	4	5	夸张的
（14）有节制的	1	2	3	4	5	易冲动的

- 将本页中圈出的数字相加，得出总分。
- 将总分除以14计算出你的社交能力分数。

二、沟通风格评估：朋友的评价

（一）控制力：他人的评价

选择作为熟悉你人际沟通风格的人，请你们相互对对方的沟通特征进行评价。请坦诚地做出回答——这里没有正确或错误之分。

我认为他（她）是：

（1）合作的	1	2	3	4	5	竞争的
（2）顺从的	1	2	3	4	5	独裁的
（3）随和的	1	2	3	4	5	专横的
（4）犹豫的	1	2	3	4	5	果断的
（5）内向的	1	2	3	4	5	外向的
（6）妥协的	1	2	3	4	5	坚持的
（7）谨慎的	1	2	3	4	5	冒险的
（8）耐心的	1	2	3	4	5	着急的
（9）自满的	1	2	3	4	5	有影响的
（10）安静的	1	2	3	4	5	健谈的
（11）羞涩的	1	2	3	4	5	大胆的
（12）支持的	1	2	3	4	5	命令的
（13）放松的	1	2	3	4	5	紧张的
（14）受拘束的	1	2	3	4	5	自信的

- 将本页中圈出的数字相加，得出总分。

- 将总分除以14计算出他（她）的控制力分数。

（二）社交能力：他人的评价

我认为他（她）是：

（1）有原则的	1	2	3	4	5	随和的
（2）收敛的	1	2	3	4	5	富于表情的
（3）严肃的	1	2	3	4	5	随便的
（4）有条不紊的	1	2	3	4	5	无条理的
（5）工于心计的	1	2	3	4	5	一时冲动的
（6）防备的	1	2	3	4	5	坦诚的
（7）坚决的	1	2	3	4	5	诙谐的
（8）冷漠的	1	2	3	4	5	友好的
（9）正式的	1	2	3	4	5	非正式的
（10）含蓄的	1	2	3	4	5	寻求注意的
（11）谨慎的	1	2	3	4	5	轻松的
（12）遵循惯例的	1	2	3	4	5	不守旧的
（13）不经意的	1	2	3	4	5	夸张的
（14）有节制的	1	2	3	4	5	易冲动的

- 将本页中圈出的数字相加，得出总分。
- 将总分除以14计算出他（她）的社交能力分数。

在自我评价和他人评价都完成后，将所计算出来的控制力和社交能力分数画在如图8-1所示的沟通风格图上。与朋友展开讨论：

（1）为什么你们所评价的沟通风格不一致？

（2）请说出对某一个特征评价的例子。

（3）你是否认同朋友对你的评价？

（4）今后你希望在沟通能力方面进行哪些改进？

三、沟通风格图

姓名

朋友姓名

时间：年月日

利用此图来描绘你的沟通风格。用圆点表示自我沟通风格评价，＊表示朋友评价。

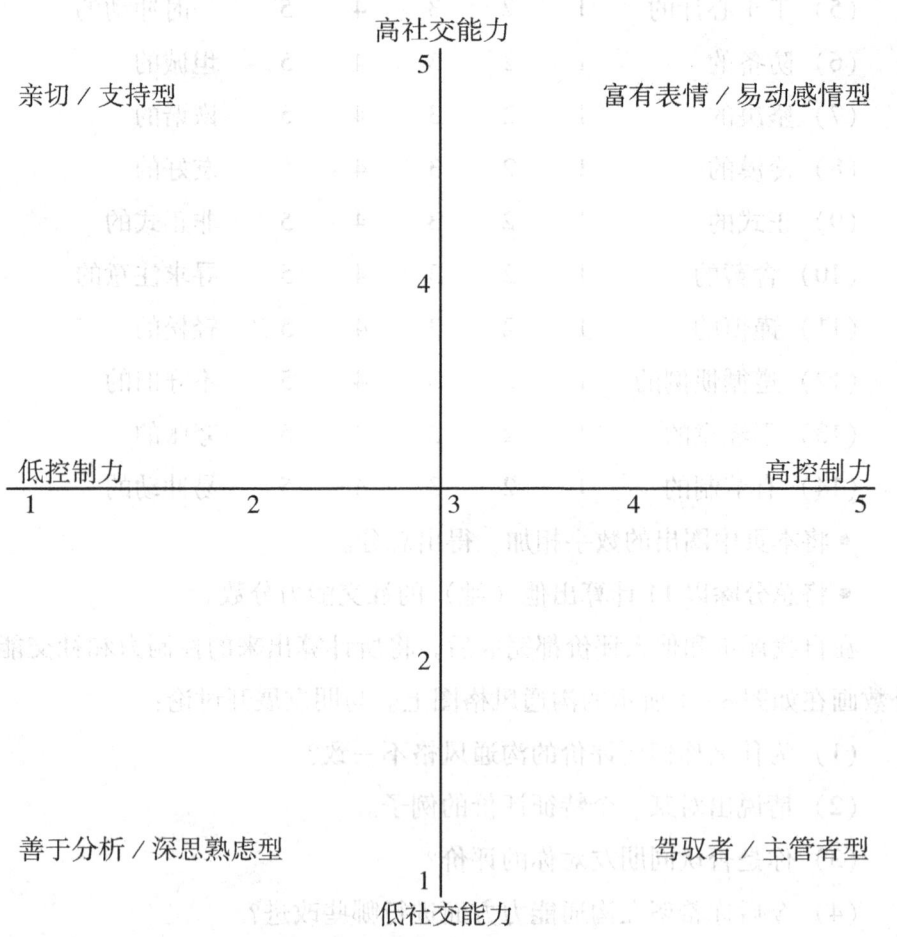

图 8-1　沟通风格图

测试四 演讲能力训练

一、训练目的

(1) 通过该训练，培养学生分析问题的逻辑思维能力。

(2) 培养学生良好的自信心和仪表仪态。

(3) 提高学生演讲能力。

二、训练过程

(1) 学生由指导老师指定演讲题目，准备演讲稿。

(2) 学生逐次演讲，由学生代表团组成的评委提问并评分。

(3) 教师对学生表现及训练情况进行总结与分析。

三、训练题目

- 我想找一份……工作
- To Be No. 1
- 我能……
- Do What You Love and Love What You Do
- 我理想的大学校园
- I want…
- 假如我是总经理
- 我知道……
- 我想说……
- 关于未来……

四、总结提高

要求训练结束后,学生总结在该训练过程中的感受,并上交演讲稿。

测试五　说服能力训练

一、训练目的

(1) 培养说服他人的能力;综合运用说服、倾听和理解的能力与技巧。

(2) 掌握团队决策的有关知识。

二、训练要求及人员安排

(1) 学生每9人组成一组。

(2) 组内按照人员安排表分配角色,可以自愿或者抽签的方式分配,将对应角色的同学姓名写在表中。

三、训练过程及背景信息

(一) 背景信息

(1) 一架飞机坠落在荒岛上,只有9人存活。

(2) 现在唯一的逃生工具只有一个能容纳一人的橡皮气球吊篮,没有水和食物。乘坐橡皮气球吊篮离开的人可以获救,其他留在荒岛上的人随时面临危险。

(3) 要尽可能快的把所有的人依次转移到安全的地方,但是注意,橡皮气球吊篮每次只能运送一个人,所以必须有一个运送次序。

(4) 每个人都想先离开,请说明自己为什么要先离开,也试着说服他人让自己先离开。

(二) **训练过程**

学生按照角色分配展开陈述，要求每个人先复述前一人的主要观点和陈述总结，然后陈述自己的态度、观点；最后小组形成一份所有成员认可的离开次序排列，并说明小组是如何做出这个决策的，以及做出这个决策的依据。

四、人员安排

人员安排见表8-2。

表8-2

人物特征	身份	姓名
最有爱心的同学	孕妇	
最善于表达的同学	外交家	
最想发财致富的同学	企业家	
最有创意的同学	科学家	
思维最缜密的同学	宇航员	
最具有环保意识的同学	生态学家	
最受大家尊敬的同学	退休老教授	
自认为平凡的同学	流浪汉	
尚不清楚自身价值的同学	大学生	

五、训练总结

（1）训练结束后，请每人上交一份个人的说服方案，说明你的身份，及你为什么要先离开，及在说服他人的过程中，你用了哪些策略和技巧。

（2）小组上交一份最终的方案，说明小组给出的排序，如何做出这个决策的过程，做出这个决策的依据，以及其他必要的说明事项。

图书在版编目(CIP)数据

大学生创业职业素养/张翠英编著.—北京:首都经济贸易大学出版社,2017.9

ISBN 978-7-5638-2653-7

Ⅰ.①大… Ⅱ.①张… Ⅲ.①大学生—创业—高等学校—教材 Ⅳ.①G647.38

中国版本图书馆 CIP 数据核字(2017)第 154963 号

大学生创业职业素养
张翠英　编著

责任编辑	王玉荣
封面设计	砚祥志远·激光照排 TEL：010-65976003
出版发行	首都经济贸易大学出版社
地　　址	北京市朝阳区红庙(邮编 100026)
电　　话	(010)65976483　65065761　65071505(传真)
网　　址	http://www.sjmcb.com
E - mail	publish@ cueb.edu.cn
经　　销	全国新华书店
照　　排	北京砚祥志远激光照排技术有限公司
印　　刷	人民日报印刷厂
开　　本	710 毫米×1000 毫米　1/16
字　　数	277 千字
印　　张	15.75
版　　次	2017 年 9 月第 1 版　2017 年 9 月第 1 次印刷
书　　号	ISBN 978-7-5638-2653-7/G·400
定　　价	32.00 元

图书印装若有质量问题,本社负责调换
版权所有　侵权必究